AF173674

....

biau'r llyfr hwn

DK

For the curious

Ar ran Dorling Kindersley
YR ARGRAFFIAD HWN
Uwch olygydd Carrie Love; **Golygydd prosiect** Kritika Gupta;
Uwch-olygydd celf Roohi Rais; **Golygyddion celf** Mohd Zishan,
Eleanor Bates; **Rheolwyr golygyddol** Monica Saigal, Penny Smith;
Rheolwr golygyddol celf Ivy Sengupta; **Is-gyfarwyddwr celf** Mabel Chan;
Cyfarwyddwr cyhoeddi Sarah Larter

YR ARGRAFFIAD GWREIDDIOL
Golygydd prosiect James Mitchem; **Uwch-ddylunydd** Lisa Robb;
Golygyddion Sophia Danielsson-Waters, Hélène Hilton, Violet Peto;
Dylunwyr Charlotte Milner, Hannah Moore, Claire Patané, Samantha Richiardi,
Sadie Thomas; **Cynorthwy-wyr dylunio** Eleanor Bates, Rachael Hare;
Gwiriwr ffeithiau Gill Pitts; **Rheolwr cyn-gynhyrchu** Dragana Puvacic;
Uwch-reolwr cynhyrchu Isabell Schart; **Dylunydd clawr** Charlotte Milner;
Cydgordiwr clawr Francesca Young; **Ailgyffwrdd creadigol** Sonia Charbonnier;
Golygydd cynhyrchu Penny Smith; **Rheolwr golygyddol celf** Gemma Glover;
Cyhoeddwr Mary Ling; **Cyfarwyddwr celf** Jane Bull

Ar ran Rily
Testun Cymraeg Siân Lewis
Cyhoeddwyd yr argraffiad hwn yn 2023.
Cyhoeddwyd gyntaf yn y DU yn 2016
gan Dorling Kindersley Cyf, London, WC2R 0RL,
dan y teitl *My Encyclopedia of Very Important Things*
Hawlfraint y testun Saesneg
© 2016, 2023 Dorling Kindersley Cyf

Argraffiad newydd 2023
Cyhoeddwyd gyntaf yn Gymraeg gan
Rily Publications Ltd,
Blwch Post 257, Caerffili CF83 9FL

Hawlfraint yr addasiad Cymraeg © 2017, 2023 Rily Cyf
ISBN 978-1-80416-359-7

Argraffwyd a rhwymwyd yn China

Cyhoeddwyd gyda chymorth ariannol Cyngor Llyfrau Cymru

Cedwir pob hawl. Ni chaniateir atgynhyrchu unrhyw ran o'r
cyhoeddiad hwn, na'i gadw mewn cyfundrefn adferadwy, na'i
drosglwyddo mewn unrhyw ddull na thrwy unrhyw gyfrwng,
elecronig, electrostatig, tâp magnetig, mecanyddol, ffotogopïo,
recordio, nac fel arall, heb ganiatâd ymlaen llaw gan y cyhoeddwyr.

CYMYSGEDD
Papur | Yn cefnogi
coedwigaeth gyfrifol
FSC® C018179

Argraffwyd yn China

www.rily.co.uk

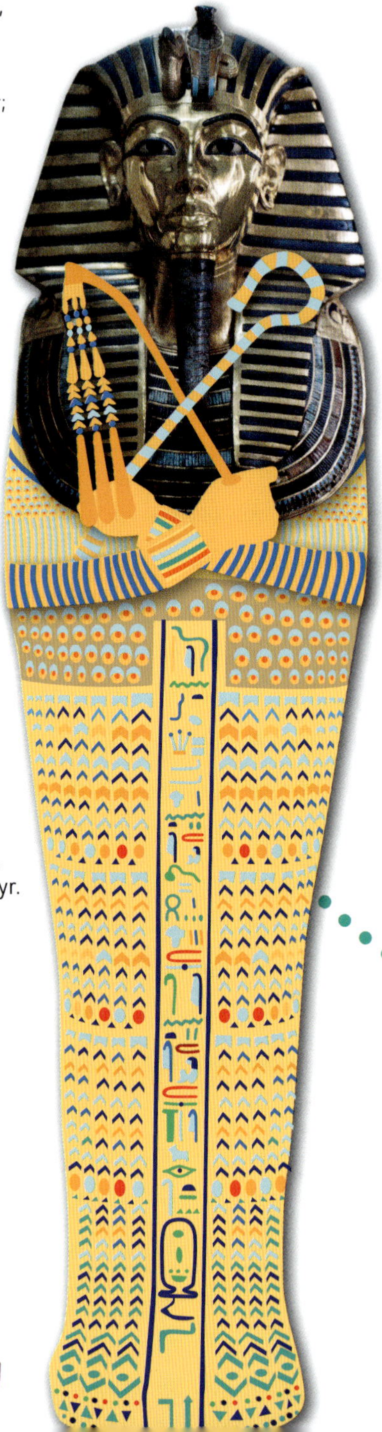

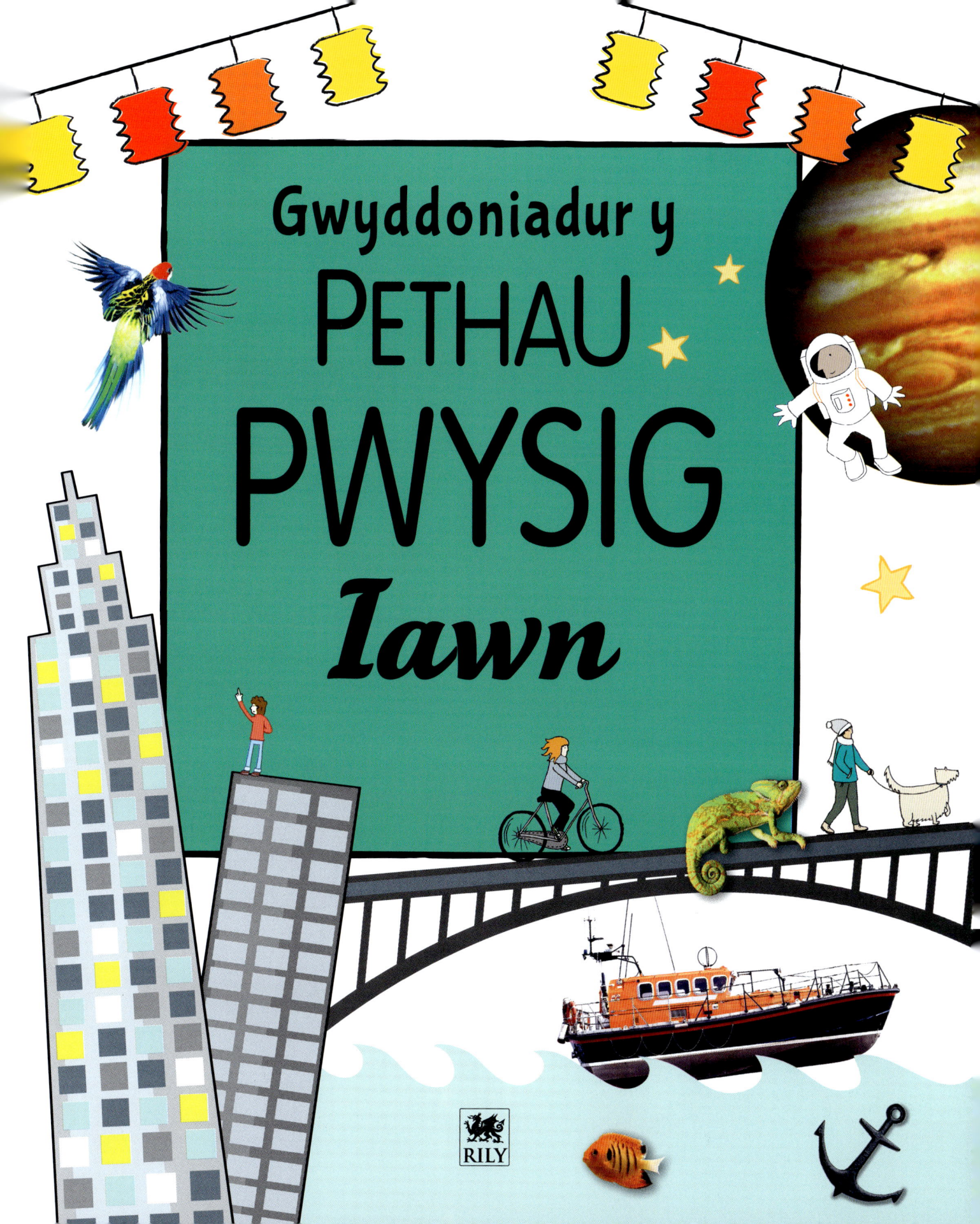

Gwyddoniadur y PETHAU PWYSIG Iawn

Cynnwys

Pethau pwysig iawn am anifeiliaid

Dyma **ragor** o bethau pwysig iawn

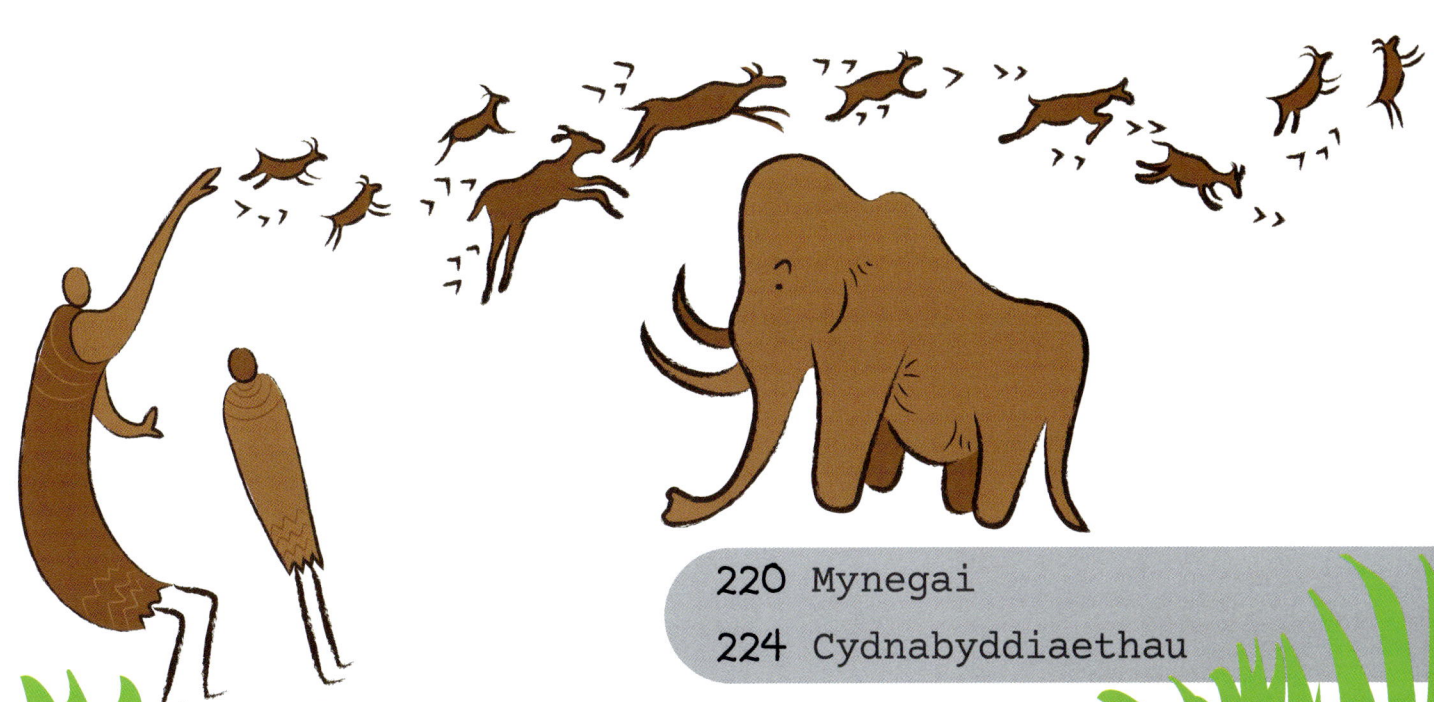

Pethau pwysig iawn am

ein planed

Y Ddaear yw ein cartref gwych. Arni mae coedwigoedd trwchus, anialdiroedd sych, a moroedd mawr glas. (Y moroedd mawr sy'n gwneud i'r Ddaear edrych yn las o'r gofod.) Hyd y gwyddon ni, y Ddaear yw'r unig blaned lle mae pethau'n gallu byw, felly mae'n lle **arbennig iawn!**

Ein lle
yn y gofod

Mae ein planed ni (y Ddaear) mewn grŵp o wyth o blanedau. Enw'r grŵp yw **Cysawd yr Haul.**

Rhwng Mawrth ac Iau mae cadwyn yr asteroidau, sef ardal sy'n llawn o greigiau mawr.

Beth yw planedau?

Pethau mawr crwn yn y gofod yw planedau. Mae rhai wedi'u gwneud o graig. Peli mawr o nwy yw'r lleill. Mae'r rhan fwyaf yn symud o gwmpas seren.

Rydyn ni'n byw yma

Yr Haul

Seren yw'r Haul. Heb wres yr Haul allai planhigion, anifeiliaid a phobl ddim byw ar y Ddaear. Allet tithau ddim chwaith!

Daear

Mercher

Mawrth

Gwener

Mae Cysawd yr Haul mor fawr, mae hyd yn oed y planedau sy'n edrych yn agos, yn bell IAWN oddi wrth ei gilydd.

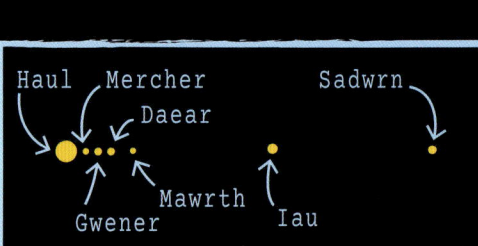
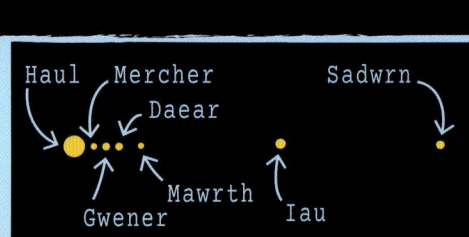

Haul   Mercher   Sadwrn
              Daear
Gwener   Mawrth   Iau

Ein Daear

Y Ddaear yw'n **planed ni**.
Mae'r môr yn gorchuddio'r rhan
fwyaf ohoni. Tir yw'r gweddill.

Mae'n cymryd blwyddyn gyfan
i'r Ddaear deithio unwaith o
gwmpas yr Haul.

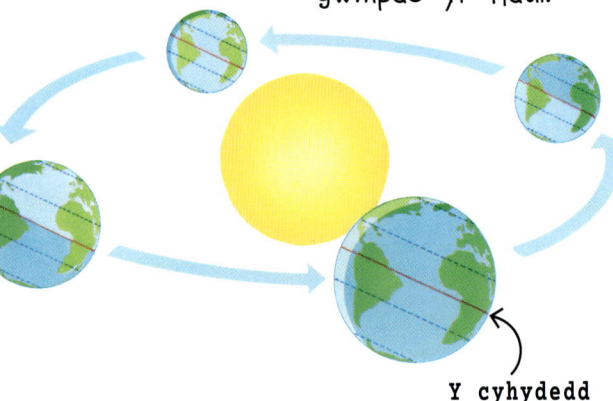

Y cyhydedd

Pan mae'r rhan o'r Ddaear
lle rwyt ti'n
byw yn wynebu'r Haul,
mae'n ddydd.

**Ble mae'r
Haul yn mynd
yn y nos?**
Mae'r Ddaear yn
troi'n ddi-stop.
Wrth iddi droi,
mae'r Haul yn
disgleirio
ar rannau
gwahanol o'r
blaned. Dyna
pam rydyn ni'n
cael nos a dydd.

Mae'n cymryd 24 awr i'r Ddaear droi unwaith.

Llinell ddychmygol am ganol
y byd yw'r cyhydedd.
Mae fel gwregys anweladwy
o gwmpas y Ddaear!

Pan mae'r rhan o'r
byd lle rwyt ti'n byw
yn troi oddi wrth yr
Haul, mae'n nos.

Tu mewn i'r Ddaear

Mae **tair haenen** o dan haenen allanol (**cramen**) y Ddaear, ond mae'n rhy boeth i ni fynd yno.

4.5 biliwn o flynyddoedd – dyna oed y Ddaear!

Mantell

Crombil allanol

Crombil mewnol

Y gramen sy'n ffurfio gwely'r môr a'r tir i gyd.

Pe bai'r Ddaear yn afal, byddai'r gramen mor denau â'r croen.

Beth sy tu mewn?

Craig bron yn solet yw'r **fantell**.
Metalau a mineralau hylifol yw'r **crombil allanol**, a metalau a mineralau solet yw'r **crombil mewnol**.

Ble'n union mae'r **gofod**?

Petaet ti'n gallu gyrru car yn syth i fyny, fe gyrhaeddet ti'r gofod mewn tua awr. Ar y ffordd byddet yn teithio drwy bum haenen o nwyon, o'r enw yr **atmosffer**.

Lloeren

Fan hyn mae lloerennau'n teithio o gwmpas y Ddaear. Maen nhw'n gyrru signalau i'r byd.

Dyw haenen uchaf yr atmosffer ddim yn gorffen yn sydyn. Mae'n **toddi**'n raddol i'r gofod.

Yn ôl y gwyddonwyr, mae'r **gofod** yn dechrau fan hyn. Mae'r haenen hon yn uchel iawn uwchben y Ddaear.

Awrora

Fe weli di oleuadau cyffrous yr awrora o leoedd sy'n agos at Begwn y Gogledd neu'r De.

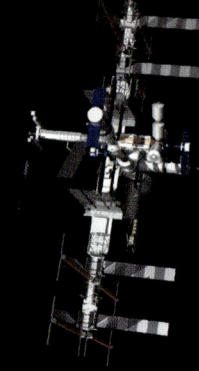

Yr Orsaf Ofod Ryngwladol

Mae'r Orsaf Ofod mor fawr, rwyt ti weithiau'n gallu'i gweld o'r llawr.

Ecsosffer

Thermosffer

14

Meteorau

Fan hyn mae'r **haenen osôn**, sy'n helpu i'n gwarchod rhag pelydrau'r Haul.

Gall fwltur Rüppell hedfan yn uwch nag unrhyw aderyn arall.

Balŵn aer poeth

Brr! Mae'r aer yn **rhewllyd** fan hyn. Rhan uchaf y mesosffer yw'r lle oeraf yn y byd.

Cymylau seithliw
Anaml iawn y gweli di'r cymylau hyfryd hyn.

Mae awyrennau jet yn hedfan uwchben y cymylau i osgoi cael eu hysgwyd gan wynt.

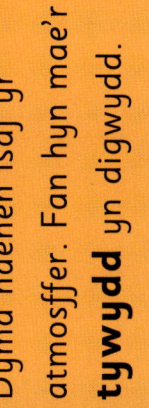

Awyren

Dyma haenen isaf yr atmosffer. Fan hyn mae'r **tywydd** yn digwydd.

Mesosffer   Stratosffer   Troposffer

Awyr y nos

Gall gofodwyr aros yn yr Orsaf Ofod Ryngwladol.

Os edrychi di i'r awyr ar noson glir, fe weli di oleuadau'n wincian. Nid sêr ydyn nhw i gyd.

Rydyn ni'n gallu gweld y Lleuad am fod golau'r Haul yn tywynnu arni.

Y Lleuad

Rhywbeth sy'n troi o gwmpas planed Daear yw'r Lleuad. Mae'n hawdd iawn ei gweld yn awyr y nos. Mae gofodwyr wedi cerdded ar y Lleuad. Bydd ôl eu traed yn aros yno am filiynau o flynyddoedd, achos does dim gwynt na thywydd ar y Lleuad.

Gweddau'r Lleuad

Wyt ti erioed wedi meddwl pam mae'r Lleuad yn edrych fel pe bai hi'n newid ei siâp? Golau'r Haul sy'n achosi hyn, drwy daro'r Lleuad ar **onglau gwahanol** wrth iddi symud o gwmpas y Ddaear. Dyma'r prif weddau.

Lleuad newydd

Cilgant ar gynnydd

Chwarter cyntaf

Amgrwm ar gynnydd

Lleuad lawn

Amgrwm ar drai

Chwarter olaf

Cilgant ar drai

Gorsaf ofod

Awyren

Lloeren

Comed

Meteor

Seren

Planed

Lleuad

Mae'r Lleuad hon yn ei hail wedd (Cilgant ar gynnydd).

Sbecian ar y sêr

Mae telesgop yn ein helpu i weld pethau sy'n bell i ffwrdd – planedau, er enghraifft.

Chwiloleuadau

Dan y tonnau

Mae'r moroedd yn llawn o fywyd.

Gallwn rannu'r môr yn bedwar **parth**.

I mewn â ni i weld beth sy ym mhob un.

Mae llawer o bysgod a chreaduriaid y môr yn lliwgar iawn.

Edrych ar y lliwiau! Mae'r rhan fwyaf o greaduriaid y môr yn byw'n agos i'r wyneb, er mwyn cael **golau** a **gwres** yr Haul.

Pysgodyn jeli

Morfarch

Parth heulog

Brr! Wrth i ni ddisgyn mae'n **oeri** a **thywyllu**. Does dim planhigion yn tyfu yma, achos does dim digon o Haul.

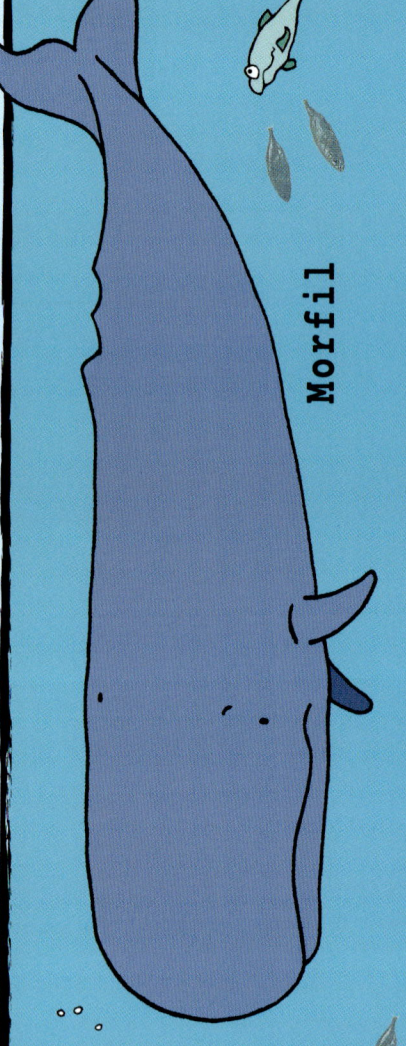

Morfil

Mae'r morfil gwyn enfawr yn plymio'n ddwfn i chwilio am fwyd, yna'n nofio'r holl ffordd i'r wyneb i anadlu!

Parth llwydolau

Octopws Dumbo

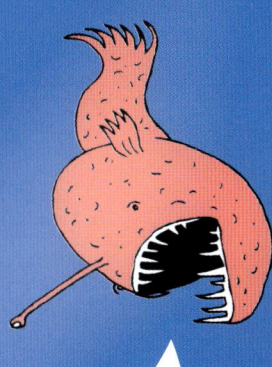

Môr-lyffant

Mae gen i bigyn ar fy mhen. Dwi'n goleuo hwn i ddenu prae. Wedyn dwi'n eu sugno i 'ngheg fawr ac yn cau fy nannedd erchyll yn dynn!

Wrth fynd yn ddyfnach eto, mae llai fyth o greaduriaid. Mae'r ychydig sy'n byw yno'n gallu **dygymod** ag oerfel a thywyllwch.

I gyrraedd yma, rhaid i bobl ddefnyddio llongau tanfor arbennig.

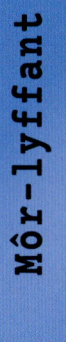

Llowciwr

Dyma rannau **dyfnaf** y môr. Gan eu bod mor dywyll ac anodd i'w cyrraedd, does gan hyd yn oed y gwyddonwyr clyfraf fawr o syniad beth sy yno!

Parth canol-nos

Parth gwaelod

Mynyddoedd

Mae mynyddoedd **ENFAWR** yn codi o'r llawr ac yn ymestyn yn uchel i'r awyr. Dyma luniau'r **saith copa** sef y pegwn uchaf ar bob un o'r saith cyfandir.

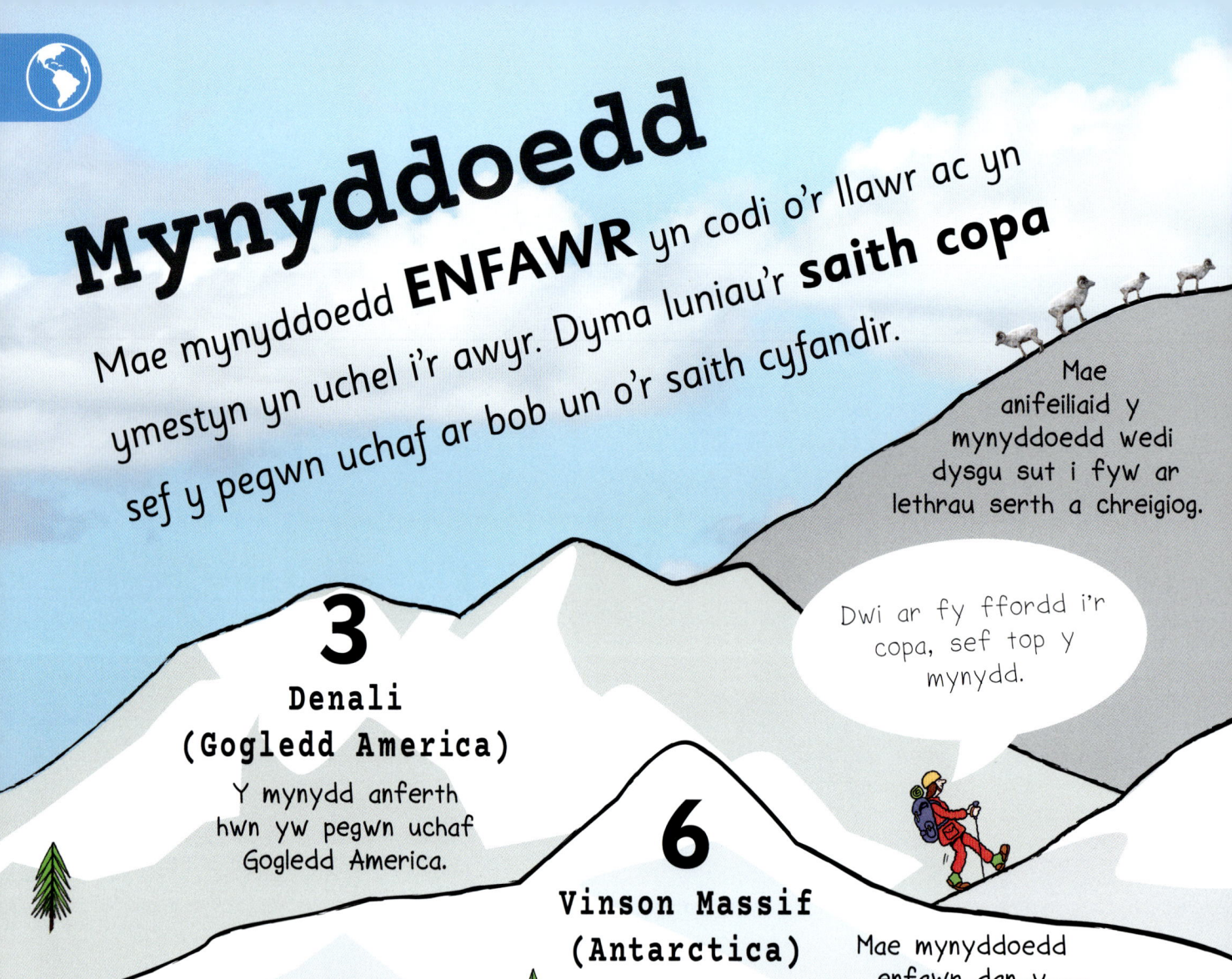

Mae anifeiliaid y mynyddoedd wedi dysgu sut i fyw ar lethrau serth a chreigiog.

Dwi ar fy ffordd i'r copa, sef top y mynydd.

3

Denali
(Gogledd America)

Y mynydd anferth hwn yw pegwn uchaf Gogledd America.

6

Vinson Massif
(Antarctica)

Mae mynyddoedd enfawr dan y môr hefyd.

Beth sy'n gwneud mynyddoedd?

Dros filiynau o flynyddoedd, mae'r platiau (rhannau) sy'n ffurfio cramen y Ddaear yn taro yn erbyn ei gilydd, ac yn gwthio'r llawr tuag i fyny. Ond nid dyna hanes pob mynydd. Mae rhai'n cael eu creu gan actifedd folcanig.

Platiau'n dechrau gwthio yn erbyn ei gilydd.

Dychmyga'r OLYGFA o'r fan hyn!

1
Everest
(Asia)

Anturiaethwyr anhygoel
Yn 1953 Syr Edmund Hillary a Tenzing
Norgay oedd y cyntaf i gyrraedd copa Everest.

2
Aconcagua
(De America)

4
Kilimanjaro
(Affrica)

Nid mynydd cyffredin
yw hwn. Mae hefyd
yn llosgfynydd
dyffryn hollt!

5
Elbrus
(Ewrop)

Mae'r mynydd
hwn yn Rwsia.

7
Kosciuszko
(Australia)

Ar ôl amser maith iawn, iawn, mae mynyddoedd yn codi!

Mae'r platiau'n
dal i wthio,
gan wneud i'r
Ddaear blygu.

Llosgfynyddoedd
tanllyd iawn

Mae gan losgfynydd **syrpréis** yn cuddio y tu mewn iddo. Pan mae'n ffrwydro, mae **lafa** chwilboeth yn chwythu allan, gan greu sioe syfrdanol (ond peryglus).

Mae lafa'n boeth iawn, IAWN.

Mae ffrwydradau'n taflu lludw a llwch yn uchel i'r awyr.

Ffrwydradau

Gall llosgfynyddoedd fynd am flynyddoedd heb ffrwydro. Llosgfynyddoedd sy'n **cysgu** yw'r rheiny. Mae 'na eraill sy'n ffrwydro drwy'r amser!

Beth yw lafa?

Craig dawdd, danllyd sy'n codi o ddyfnder y Ddaear ac yn ffrwydro o losgfynydd – dyna yw lafa. Mae mor boeth, mae'n dinistrio popeth o'i flaen.

Mae lafa'n teithio i lawr y mynydd am bellter cyn caledu ac oeri.

Craig fawr a daflwyd o losgfynydd.

Mae'r mwyafrif o losgfynyddoedd o dan y **môr**. Pan maen nhw'n ffrwydro, mae'r lafa'n creu **ynysoedd**.

23

Chwyrnu a **chrynu**

Mae daeargrynfeydd yn gwneud i'r Ddaear **chwyrnu** a **chrynu**. Fel arfer, maen nhw'n ddigon diniwed, ond weithiau maen nhw'n beryglus ac yn achosi difrod.

Jig-so'r blaned

Er bod y Ddaear yn edrych fel un graig enfawr, mae wedi'i gwneud o ddarnau symudol o'r enw **platiau**, sy'n ffitio i'w gilydd fel jig-so.

Plât

Graddfa Richter

Rydyn ni'n mesur daeargryn drwy ddefnyddio rhywbeth o'r enw 'Graddfa Richter'. Po uchaf y rhif, cryfaf y daeargryn.

Isel (1)

Mae daeargrynfeydd gwan yn digwydd drwy'r amser, yn aml heb i ni sylwi.

Beth sy'n digwydd?

Pan fydd platiau'r Ddaear yn rhwbio yn erbyn ei gilydd, gall y gwasgedd achosi daeargryn ac ysgwyd y tir uwchben.

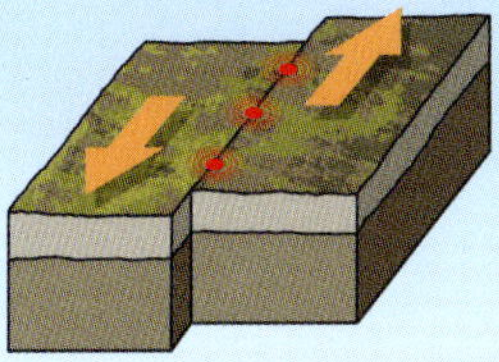

Mae platiau'r Ddaear yn ffitio i'w gilydd, ond yn symud ychydig bach drwy'r amser...

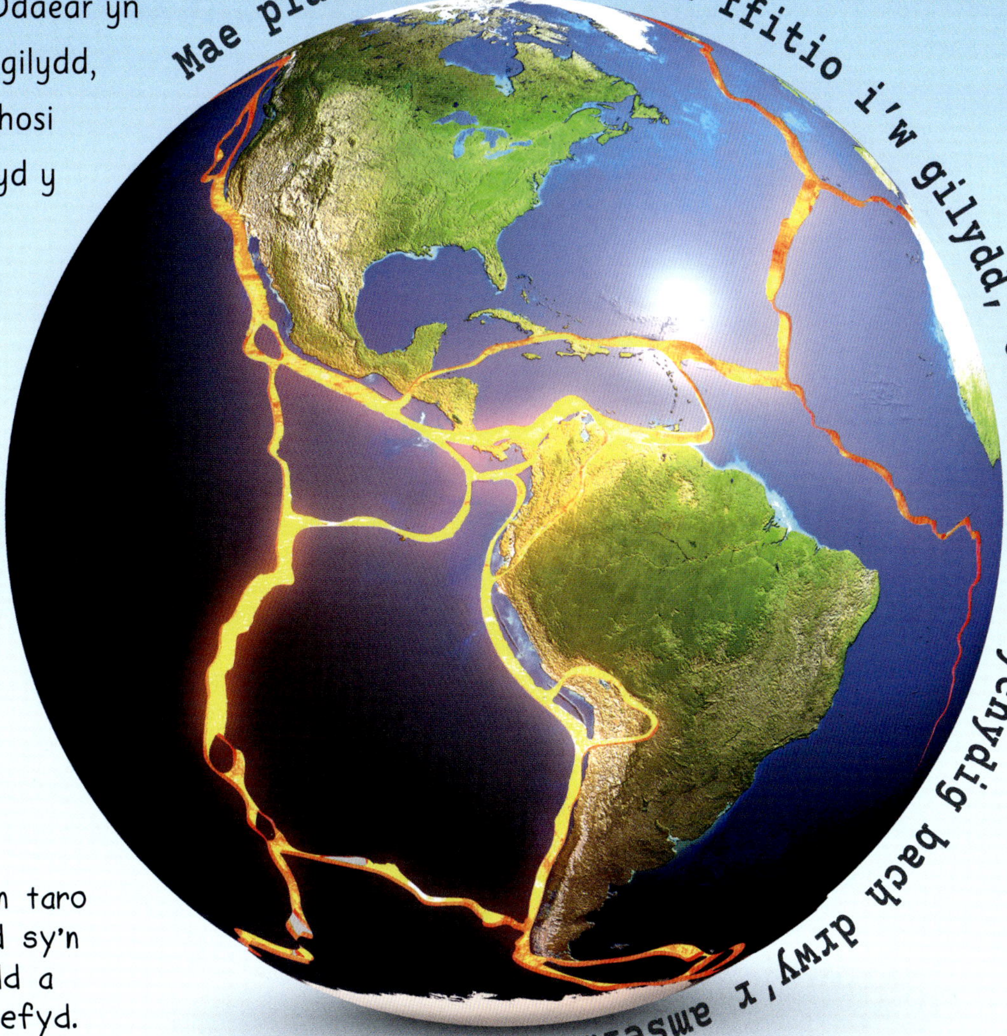

Gall daeargryn yn y môr achosi tswnami (ton enfawr).

Platiau'r Ddaear yn taro yn erbyn ei gilydd sy'n creu mynyddoedd a llosgfynyddoedd hefyd.

Canolig (4)

Uchel (9)

Gall daeargryn cryf fod yn beryglus iawn, gan ddymchwel coed ac adeiladau.

25

Am le **sych**!

Lle sych iawn, heb fawr o **law**, yw'r anialwch.

Heb ddŵr, gall bywyd fod yn ANODD iawn.

Ychydig iawn sy'n tyfu yn yr anialwch o achos prinder dŵr, ond mae'r planhigyn cactws yn gallu storio dŵr yn ei foncyff, sy'n ei helpu i oroesi yno.

Anialwch poeth

Dyw hi ddim yn hawdd i bobl fyw yn yr anialwch. Mewn lle fel y **Sahara** yn Affrica, rhaid wynebu stormydd tywod, gwres eithafol, a phrinder bwyd a dŵr.

Mae anialwch ar bob cyfandir

Mae'r Atacama yn Ne America mor **sych**, does dim glaw wedi disgyn ar rai mannau ers miliynau o flynyddoedd.

Mae anialwch mawr yr **Outback** yn gorchuddio rhan fawr o Awstralia.

Twyllo'r llygaid

Pwll o ddŵr mewn anialwch yw **gwerddon**.
Mae pwll o'r fath yn brin iawn, ac weithiau dyw e
ddim yn real! Mae'r golau'n gallu twyllo'r llygaid
gan greu **rhithlun**.

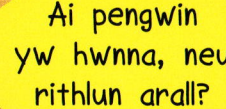

Ai pengwin
yw hwnna, neu
rithlun arall?

Brrr! Dyw pob
anialwch ddim yn boeth.
Anialwch **ENFAWR** yw
Antarctica, ac mae'n
RHEWLLYD yno.

heblaw **EWROP.**

Yn y Mojave yn UDA mae **Dyffryn
Marwolaeth** – enw addas achos
mae'n boeth iawn, IAWN yno.

Antarctica yw
anialwch oer mwya'r
byd. Mae llawer o iâ
yno, ond ychydig iawn
o law ac eira.

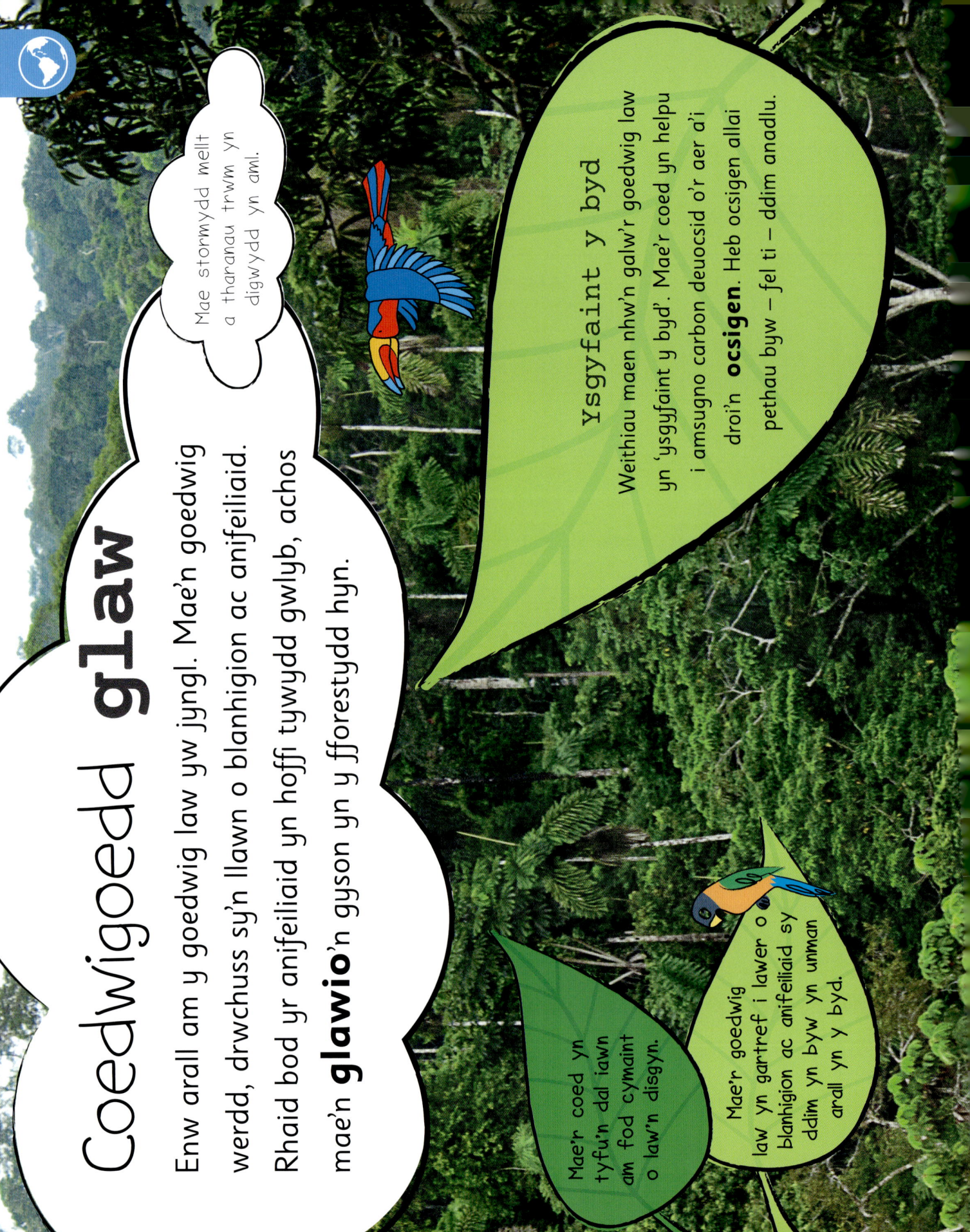

Coedwigoedd glaw

Enw arall am y goedwig law yw jyngl. Mae'n goedwig werdd, drwchuss sy'n llawn o blanhigion ac anifeiliaid.

Rhaid bod yr anifeiliaid yn hoffi tywydd gwlyb, achos mae'n **glawio**'n gyson yn y fforestydd hyn.

Mae stormydd mellt a tharanau trwm yn digwydd yn aml.

Ysgyfaint y byd

Weithiau maen nhw'n galw'r goedwig law yn 'ysgyfaint y byd'. Mae'r coed yn helpu i amsugno carbon deuocsid o'r aer a'i droi'n **ocsigen**. Heb ocsigen allai pethau byw – fel ti – ddim anadlu.

Mae'r coed yn tyfu'n dal iawn am fod cymaint o law'n disgyn.

Mae'r goedwig law yn gartref i lawer o blanhigion ac anifeiliaid sy ddim yn byw yn unman arall yn y byd.

Fel arfer, mae'r goedwig law yn gynnes ac yn llaith iawn.

Coedwigoedd glaw trofannol yw'r rhai sy'n tyfu ger y cyhydedd.

Mae llawr y goedwig bron yn dywyll, am fod y coed yn cuddio golau'r Haul.

Mae bron hanner y gwahanol fathau o blanhigion sy ar y Ddaear yn tyfu yn y goedwig law.

Gwlad yr haenau

Mae haenau gwahanol o fewn y goedwig law. Mae **llawr y goedwig** a'r **istyfiant** yn llawn o goed bach ac anifeiliaid. Uwchben mae'r **canopi**, lle mae brigau ucha'r coed yn gwau drwy'i gilydd, a'r **haenen amlwg**, lle mae'r coed talaf yn codi uwchben y lleill.

Haenen amlwg

Llawr y goedwig

Dŵr diddorol

Mae dŵr yn gorchuddio wyneb ein planed.
Mae yn y môr, ar y tir, ac yn yr awyr.
Cylch dŵr yw enw taith y dŵr.

2 Mae'r gwynt yn chwythu'r anwedd dros y tir. Pan mae'r anwedd yn cyrraedd awyr oerach, mae'n troi'n ddiferion o ddŵr. Mae'r diferion yn glynu at ei gilydd i wneud cymylau.

1 Mae'r Haul yn cynhesu'r môr ac yn troi'r dŵr yn **anwedd**. Mae'r anwedd yn codi i'r awyr.

Dŵr môr yw'r rhan fwyaf o ddŵr y Ddaear, felly mae'n rhy hallt i'w yfed.

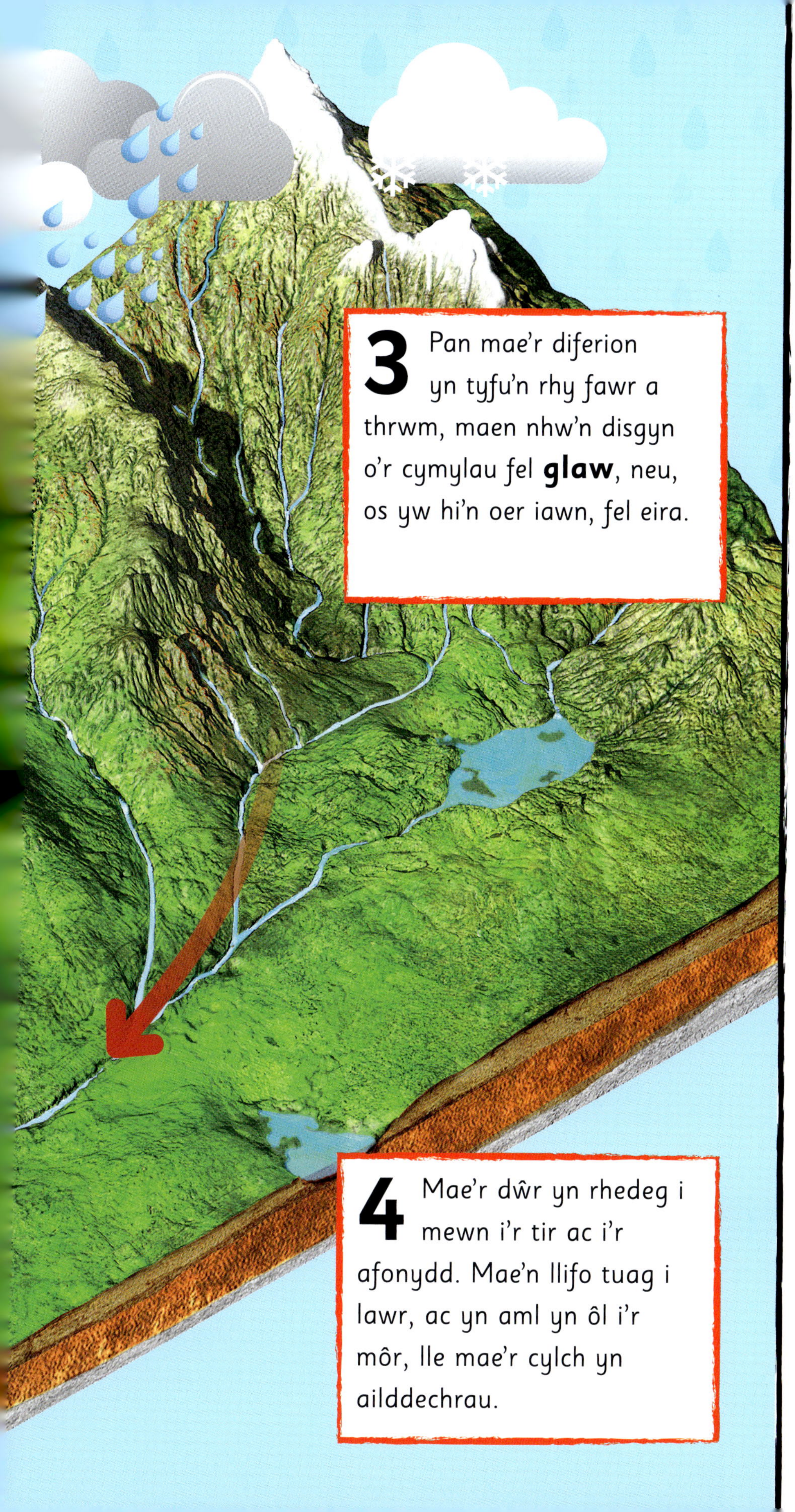

3 Pan mae'r diferion yn tyfu'n rhy fawr a thrwm, maen nhw'n disgyn o'r cymylau fel **glaw**, neu, os yw hi'n oer iawn, fel eira.

4 Mae'r dŵr yn rhedeg i mewn i'r tir ac i'r afonydd. Mae'n llifo tuag i lawr, ac yn aml yn ôl i'r môr, lle mae'r cylch yn ailddechrau.

Ffurfiau dŵr

Pan fydd dŵr yn cael ei boethi neu ei oeri, gall droi'n hylif, neu'n nwy, neu'n floc solet o iâ. Dyna wahanol **ffurfiau** dŵr.

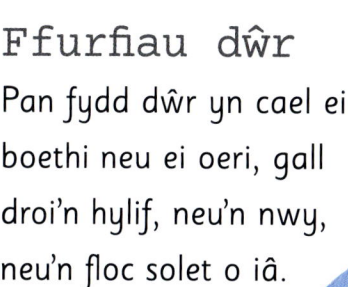

Pan fydd iâ'n cynhesu, mae'n toddi a'r dŵr yn troi'n HYLIF.

Pan fydd dŵr yn oer iawn, mae'n rhewi ac yn troi'n iâ. Dyma'i ffurf SOLET.

Pan fydd y dŵr yn poethi, mae'n troi'n stêm (anwedd). Nawr mae e'n NWY.

Sut mae pethau'n tyfu?

O dipyn i beth mae **hadau** bach yn troi'n blanhigion mawr. Mae'n broses araf, ond **rhyfeddol** iawn.

Fan hyn mae hadau'r blodyn haul.

Gwreiddiau

Hedyn

1
Mae pen y blodyn haul yn llawn o **hadau.**

2
Mae'r hadau'n cael eu **gwasgaru** gan adar, sy'n eu bwyta ac yna'n eu gollwng.

3
Mae'r **glaw** a'r heulwen yn helpu'r hedyn i egino a thyfu gwreiddiau.

Mawr a bach
Mae yna hadau o bob lliw a llun. Mae rhai'n fwy na dy ben di, a rhai bron yn rhy fach i'w gweld!

Mae hadau'r goeden **coco de mer** mor fawr â phêl fasged. Ystyr 'coco de mer' yw 'cneuen goco'r môr'.

Mae **BLODAU HAUL** yn tyfu'n fawr ac yn dal.

Eginyn y blodyn haul

Mae plisgyn yr hedyn wedi disgyn.

Coesyn

4
Mae **eginyn** gwyrdd yn agor a dweud helô wrth y byd.

5
Gyda help yr **Haul** mae rhagor o ddail yn ymddangos a'r planhigyn yn tyfu.

6
O'r diwedd dyma **flodyn** hardd. Nawr fe all y broses ailddechrau!

BLE mae'r HADAU yn y FFRWYTHAU hyn?

Tomato   Eirinen wlanog   Mefusen   Afal

O dymor i dymor

Bob blwyddyn mae'r Ddaear yn mynd drwy **gyfnodau o newid**, sy'n effeithio ar y tywydd, ar blanhigion ac anifeiliaid. Tymhorau yw enw'r cyfnodau hyn.

Gwanwyn

Gall y gwanwyn ddod â heulwen a glaw, sy'n helpu planhigion a choed i ddechrau blodeuo.

Haf

Dyma'r tymor poethaf fel arfer, a'r cnydau a'r ffrwythau'n tyfu ar ras.

Mae llawer o anifeiliaid yn cael babanod neu'n dodwy wyau yn y gwanwyn.

Mae anifeiliaid a phlanhigion yn hoffi'r haf.

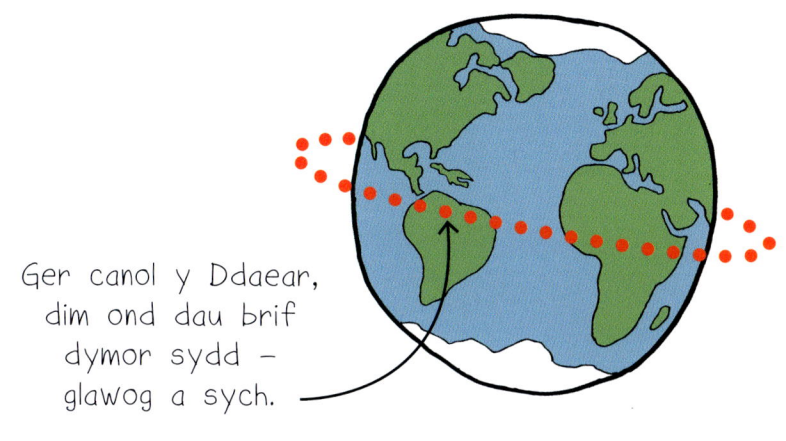

Ger canol y Ddaear, dim ond dau brif dymor sydd – glawog a sych.

Pam mae hyn yn digwydd?

Mae'r tymhorau'n newid wrth i'r Ddaear **deithio** o gwmpas yr Haul, a gwyro tuag ato neu oddi wrtho. Felly mae'r tymhorau'n wahanol mewn gwahanol rannau o'r byd.

Hydref

Yn yr hydref mae'r tywydd yn oeri a rhai coed yn dechrau colli'u dail.

Gaeaf

Mae llai o heulwen yn y gaeaf, felly mae'n oerach o lawer. Mae rhai anifeiliaid yn cysgu drwy'r gaeaf.

Yn yr hydref, mae llawer o ddail yn newid eu lliw.

Yn y gaeaf mae'r dydd yn dywyllach a byrrach.

Tywydd eithafol

Weithiau mae'r tywydd yn lloerig a **GWYLLT**, ac fel petai'n strancio. Tywydd eithafol yw hwn, sef tywydd sy'n wahanol i'r tywydd arferol.

Gwres mawr	Llifogydd	Tornados

Pan mae'r tywydd yn **boethach** nag arfer, gall y gwres sychu'r tir ac achosi tanau weithiau.

Os oes gormod o **ddŵr** heb unlle iddo fynd, weithiau ceir llifogydd sy'n achosi difrod.

Mae gwyntoedd cyflym iawn, sy'n troelli yn y canol, yn troi'n dornados sy'n **chwipio** a **CHWYRLÏO**.

Beth yw newid hinsawdd?

Newid hinsawdd yw newid hir-dymor yn y tymheredd a'r tywydd. Mae ein ffordd o fyw yn newid hinsawdd y Ddaear – mae'n cynhesu. Mae'r newid hwn yn achosi mwy a mwy o dywydd eithafol.

Corwyntoedd	Mellt	Taranau

Dau enw arall am **storm** enfawr o wynt a glaw yw teiffŵn neu seiclon.

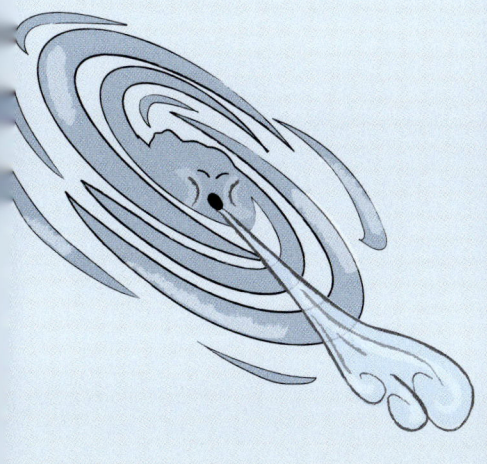

Mae bolltau o drydan yn ffurfio yn y cymylau. Maen nhw'n rhuthro i'r Ddaear, gan daro adeiladau a choed tal.

Y mellt sy'n gwneud y **TWRW** mawr hwn, wrth wibio drwy'r awyr.

Y Gwynt a'r Haul

Yn uchel yn yr awyr roedd y Gwynt yn dadlau â'r Haul.
P'un oedd y **cryfaf**, tybed?

"Dwi'n gallu gwneud stormydd a chorwyntoedd! Rwyt ti'n dawel a gwan," chwarddodd y Gwynt.

"Ond gall person tawel a charedig fod yn gryf," atebodd yr Haul.

Penderfynodd y ddau gael **cystadleuaeth** am y cyntaf i wneud i'r dyn dynnu ei gôt.
"Fi fydd yn ennill," meddyliodd y Gwynt.

Rhuodd y Gwynt a **chwythu** â'i holl nerth. Agorodd botymau'r gôt, ond hedfanodd hi ddim i ffwrdd. Chwythodd y Gwynt yn galetach, ond arhosodd y gôt yn ei lle.

Pan ddaeth tro'r Haul, **gwenodd** ar y dyn a dechrau **cynhesu'r** Ddaear yn **ara' bach**. Gwenodd y dyn yn ôl a thynnu'i gôt i gael mwynhau'r tywydd.

Ac felly'r Haul enillodd!
Roedd wedi dangos mai bod
yn **dyner** ac yn **garedig**
sy'n ein gwneud ni'n **gryf**.

Pethau pwysig iawn am

leoedd

Mae'n planed ni yn **lle mawr** iawn. Mae chwech o'i saith cyfandir yn llawn o bobl arbennig, anifeiliaid hynod a golygfeydd gwych. Mae Antarctica, y seithfed cyfandir, yn rhy oer i bobl fyw yno – ond mae'n ddiddorol dros ben, serch hynny. Dere i weld.

Dwi'n gallu rhifo **7** cyfandir

Barod i hedfan o gwmpas y byd i weld y cyfandiroedd? **Saith** darn mawr o dir ydyn nhw. **Bant â ni!**

Mae dros 20 gwlad yng Ngogledd America.

1 Gogledd America

Lampau'r nos

Pe bai'n nos dros y byd i gyd, dyma sut byddai'r cyfandiroedd yn edrych o'r gofod. Mae'r **goleuadau**'n dod o'r dinasoedd prysur!

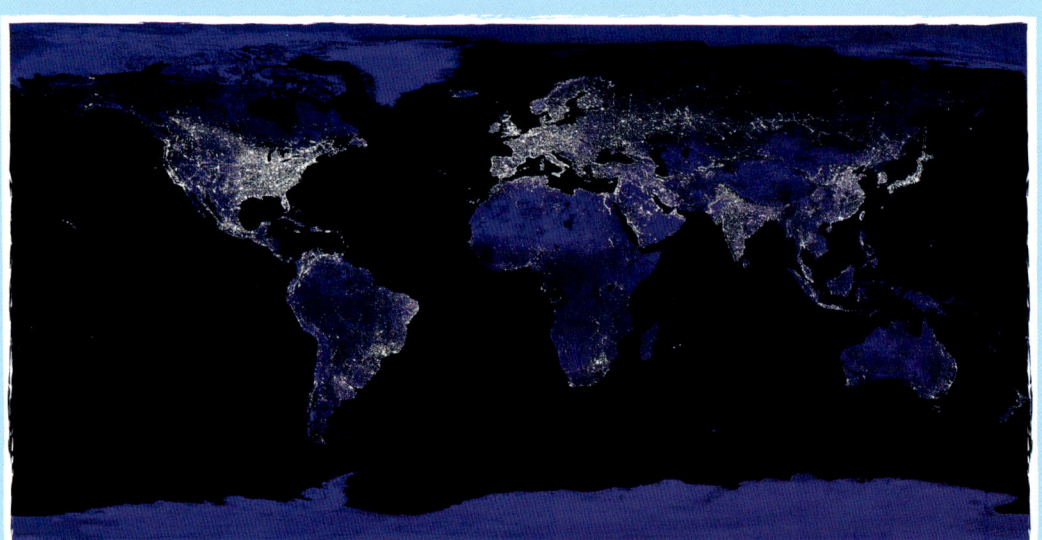

2 De America

Asia yw'r cyfandir MWYAF.

5

Asia

Mae dros hanner
pobl y byd yn
byw yn Asia.

4

Ewrop

3

Affrica

6

Awstralia

Brrr! Antarctica
yw'r lle mwyaf
sych, gwag ac oer
yn y byd.

7

Antarctica

Awstralia yw'r cyfandir LLEIAF.

Cardiau post:
Gogledd America

Mae 23 gwlad yng Ngogledd America. Poeth, oer, bach neu FAWR, maen nhw i gyd yn llawn o bobl a lleoedd **diddorol**.

Y Cefnfor Tawel

Yn Las Vegas, UDA, mae gwestai enfawr a golygfeydd syfrdanol. Er ei bod yn ddinas fawr, brysur, mae hefyd yng nghanol anialwch!

Mae 'Diwrnod y Meirw' yn ddigwyddiad pwysig ym Mecsico, a phawb yn eu gwisgoedd lliwgar.

Er bod bywyd yn wahanol ar bob un o ynysoedd y Caribî, mae digonedd o haul a thraethau braf ym mhobman.

Dyma Grønland.
Mae'n oer
iawn!

Cefnfor Iwerydd

G

Gn

Dn

D

Canada yw'r
wlad fwyaf yng
Ngogledd America.

CANADA

Y
Nodwydd
Ofod

Mynydd Rushmore

Efrog
Newydd

UNOL DALEITHIAU AMERICA

Las Vegas

MECSICO

Ynysoedd
y Caribî

El Castillo

UDA sy â'r nifer
mwyaf o bobl yng
Ngogledd America.

Dyw Dinas Efrog Newydd, UDA,
"byth the cysgu", medden nhw. Mae
cymaint o bethau'n digwydd yno.

45

Cardiau post:
De America

Coedwigoedd glaw, afonydd a mynyddoedd – dyna rai o'r pethau weli di ar y cyfandir hardd, rhyfeddol hwn.

Mae coedwig law'r Amazonas mor fawr, mae'n gorchuddio rhannau o naw gwlad.

Theatr yr Amazonas

PERIW

Mae llawer o bobl yn dringo i weld Machu Picchu, hen ddinas yr Incas, ym mynyddoedd Periw.

Cefnfor Iwerydd

Crist y Gwaredwr

Eglwys Gadeiriol Brasilia

Rio de Janeiro

BRASIL

Bob blwyddyn mae carnifal bywiog yn ninas Rio de Janeiro, Brasil.

Er bod nifer o ieithoedd, fel Quechua ac Eidaleg, yn cael eu siarad yn Ne America, Sbaeneg yw iaith swyddogol llawer o'r gwledydd. Mae pobl Brasil yn siarad Portiwgaleg.

Buenos Aires

BOLIFIA

Y Cefnfor Tawel

Pan mae'n bwrw glaw ar wastadeddau halen Bolifia mae'r halen yn gwneud i'r tir edrych fel drych.

Buenos Aires yw prifddinas yr Ariannin. Mae llawer o adeiladau lliwgar yno.

Dn

G

D

Gn

Cardiau post:
Affrica

Mae Affrica'n llawn **bywyd**.
Yno mae coedwigoedd glaw, anialdiroedd, llawer o wledydd, miliynau o bobl, miloedd o ieithoedd ac anifeiliaid rhyfeddol.

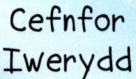

MOROCCO

Anialwch Sahara

Mae Anialwch Sahara'n enfawr, poeth a sych.

Cefnfor Iwerydd

'Y Ddinas Goch' yw llysenw dinas Marrakesh, Morocco, am fod llawer o'r adeiladau wedi'u gwneud o dywodfaen coch.

G
Gn
Dn
D

Y ffa coco o'r podiau cacao sy'n rhoi siocled i ni. Maen nhw'n tyfu yng ngorllewin Affrica.

Sffincs

Pyramid

Creadur chwedlonol â chorff llew a phen dynol yw'r Sffincs. Mae cerflun y Sffincs Mawr yn gwarchod pyramid enwog Giza.

Y Masai, o Dde Kenya a Gogledd Tanzania, wnaeth y gemwaith traddodiadol hwn.

Ynys Madagascar yw'r unig wlad lle mae'r lemwr hwn yn byw.

Pyramidiau

YR AIFFT

KENYA

Mynydd Kilimanjaro

MADAGASCAR

Cefnfor yr India

Cape Town

Cardiau post:
Ewrop

Er bod Ewrop yn fach o'i chymharu â'r cyfandiroedd eraill, mae'n llawn o **ddinasoedd**, **pobl** a **golygfeydd** rhyfeddol.

Adeiladwyd Côr y Cewri yn Lloegr o gerrig enfawr filoedd o flynyddoedd yn ôl, ond does neb yn siŵr sut na pham!

Yng nghanol dinas Rhufain yn yr Eidal mae'r wlad leiaf yn y byd, sef y Fatican. Dyma gartref y Pab, pennaeth yr Eglwys Gatholig.

Cefnfor Iwerydd

Big Ben

Tŵr Eiffel

Yr Alpau

Rhufain

G

Gn

Dn

D

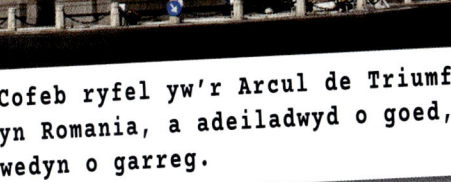

Gogledd Ewrop yw un o'r lleoedd gorau i weld yr Awrora Borealis, sef sioe ryfeddol o oleuadau naturiol.

Eglwys Gadeiriol Sant Basil

Mae gan Ewrop tua 50 iaith swyddogol.

ROMANIA

Môr y Canoldir

Cofeb ryfel yw'r Arcul de Triumf yn Romania, a adeiladwyd o goed, wedyn o garreg.

Mae llawer o bobl yn mynd i sgio, syrffio eira a cherdded ym mynyddoedd yr Alpau, sy'n ymestyn dros wyth gwlad.

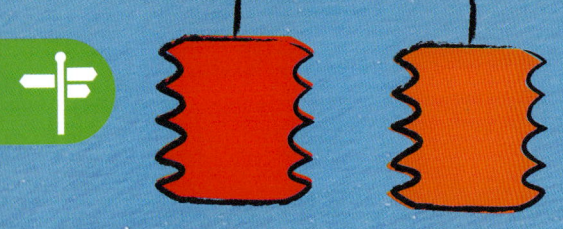

Cardiau post: **Asia**

Asia yw'r cyfandir **MWYAF** o ran ei faint ac o ran nifer y bobl sy'n byw yno. Mae llawer o amrywiaeth yno hefyd.

Hen ddinas yng Ngwlad Iorddonen yw Petra. Mae llawer o'r adeiladau wedi'u cerfio o'r graig.

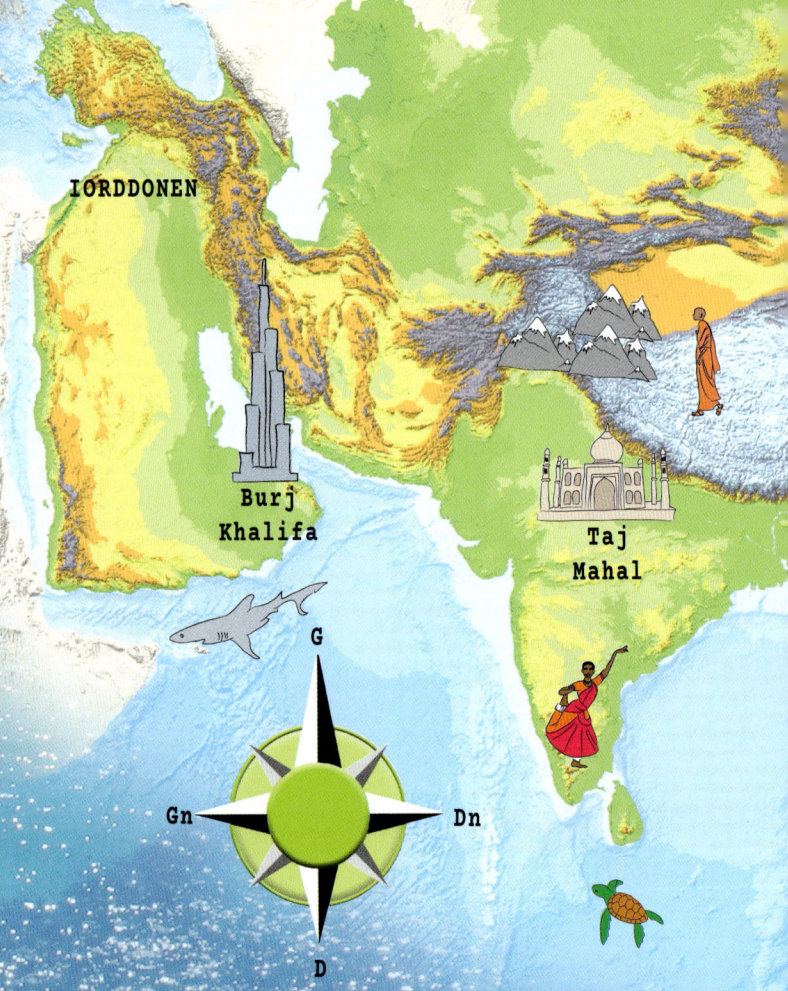

IORDDONEN

Burj Khalifa

Taj Mahal

G

Gn

Dn

D

Mae'r rhan fwyaf o Rwsia yn Asia.

Wal Fawr China

CHINA

Tŵr Tokyo

JAPAN

Bangkok

Tyrau Petronas

Tokyo yw prifddinas Japan. Ar ddiwrnod clir mae'n bosib gweld Mynydd Fuji, er ei fod bron gan milltir i ffwrdd.

Mae biliwn a mwy o bobl yn byw yn China — mwy nag sy'n byw yn Ewrop GYFAN. Shanghai yw un o'r dinasoedd mwyaf.

Mae rhai pobl yn teithio ar ddŵr drwy Bangkok yng Ngwlad Thai. Maen nhw'n cynnal marchnadoedd ar gychod yr afon.

53

Cardiau post:
Awstralia

Mae cyfandir Awstralia yn cynnwys gwlad Awstralia a rhai ynysoedd gerllaw.

Mae RYGBI'n boblogaidd iawn AR DRAWS Awstralia.

Mae'r rhan fwyaf o bobl Awstralia yn byw ar yr arfordir.

Uluru

Mae Sydney ar arfordir Awstralia ac mae modd gweld y rhan fwyaf o'r ddinas o ben pont enwog Harbour Bridge.

Cefnfor India

Mae gwlad Ffiji yn cynnwys dros 330 o ynysoedd. Does neb yn byw ar tua 110 ohonynt.

Dyma'r rîff cwrel mwyaf yn y byd.

Y Barriff Mawr

AWSTRALIA

Mae gan Seland Newydd ddwy brif ynys. Ar Ynys y Gogledd mae ffynhonnau poeth yn chwythu stêm!

Tŷ Opera Sydney

I fod yn fanwl gywir, dyw Seland Newydd, Ffiji, a llawer o ynysoedd y Môr Tawel ddim ar unrhyw gyfandir, felly rydyn ni'n eu rhoi at ei gilydd ac yn eu galw'n 'Awstralasia'.

SELAND NEWYDD

G

Dn

Gn

D

Cardiau Post:
Antarctica

Mae hwn yn **gyfandir** mawr, heb fawr ddim pobl nac anifeiliaid yn byw yno. Pam? Achos mae'n **oer iawn**, IAWN.

Cyfandir rhewllyd

Mae eira ac iâ'n gorchuddio'r rhan fwyaf o dir Antarctica. Pan fydd hi'n WIRIONEDDOL oer, mae'r môr yn rhewi ac Antarctica'n tyfu'n fwy fyth.

Does neb yn byw'n barhaol yn Antarctica.

Mae Pegwn y De yn Antarctica.

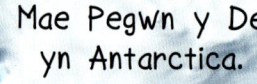

Pegwn y Gogledd ffordd hyn

Ble mae'r Arctig?

Mae'r Arctig (lle mae Pegwn y Gogledd) ym mhen arall y Ddaear. Mae'r Arctig wedi'i wneud o iâ ac mae llawer o anifeiliaid yn byw yno, ond dyw e ddim yn gyfandir.

O Begwn y De dim ond UN cyfeiriad sy, sef y Gogledd!

Gwyddonwyr sy'n mynd i Antarctica fel arfer. Maen nhw'n teithio dros y tir rhewedig mewn ceir arbennig.

Mae gan y pengwiniaid ymerodrol blu trwchus sy'n eu cadw'n gynnes ar rew Antarctica.

Pegwn
y De

Dyw hi bron byth yn glawio yn Antarctica. Felly mae'n anialwch oer iawn!

Mae'r rhan fwyaf o ddŵr croyw'r byd wedi'i rewi yng nghapanau iâ Antarctica.

Pethau pwysig iawn am

anifeiliaid

Anifeiliaid yw'r creaduriaid rhyfeddol sy'n rhannu ein planed. Yn eu mysg mae adar ardderchog, pysgod perffaith, mamaliaid medrus, a llawer mwy. Mae yna anifeiliaid o bob lliw a llun, o'r morfil **MAWR** glas, i'r pryfyn **pitw bach**.

Beth yw **anifeiliaid?**

Mae planhigion ac anifeiliaid yn bethau byw.

Yr hyn sy'n wahanol am anifeiliaid yw eu bod yn gorfod symud o gwmpas ac yn gorfod bwyta er mwyn byw.

Mamaliaid	Adar	Ymlusgiaid
Mamal yw anifail sy'n rhoi **llaeth** i'r rhai bach. Er bod **ffwr** gan lawer o famaliaid, maen nhw'n gallu edrych yn wahanol iawn.	Yr adar yw ein **ffrindiau pluog**. Mae plu gan bob aderyn, ond dyw pob un ddim yn **hedfan**. Mae rhai'n gallu nofio a rhedeg yn gyflym.	Creaduriaid **cennog**, **gwaed oer** yw'r rhain. Dyw hynny ddim yn golygu bod eu gwaed yn oer go iawn, ond mae'n golygu bod arnyn nhw angen gwres yr haul i gynhesu eu cyrff.

Gorila

Glas y dorlan

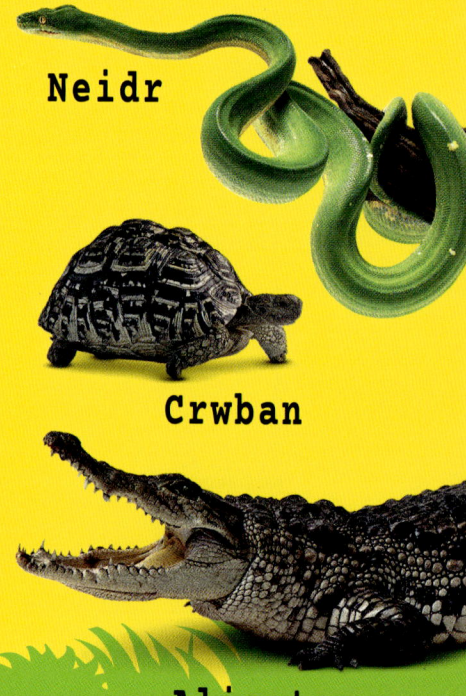

Neidr

Crwban

Panda

Fflamingo

Aligator

Pa fath?

Mae yna anifeiliaid o bob lliw a llun. I wneud pethau'n haws, mae pob anifail yn perthyn i **grŵp**.

Beth amdana i?

Mamal wyt ti, 'run fath â ni.

Amffibiaid

Caiff y rhan fwyaf o amffibiaid eu geni mewn **dŵr**, ac mae'n nhw'n newid yn rhyfeddol wrth dyfu. Gall yr oedolion fyw mewn dŵr neu ar dir.

Llyffant

Broga

Salamandr

Pysgod

Mae gan bysgod **esgyll** sy'n eu helpu i nofio'n wych! Mae pysgod yn byw mewn moroedd afonydd, llynnoedd, pyllau a nentydd. Maen nhw'n anadlu yn y dŵr drwy ddefnyddio'u **tagelli**.

Pysgodyn aur

Siarc

Llysywen

Infertebratau

Does gan yr infertebratau ddim **asgwrn cefn**. Mae gan y rhan fwyaf gragen neu gorff meddal. Mae cymaint o wahanol fathau!

Pilipala

Neidr gantroed

Octopws

Deinosoriaid
yn rheoli'r Ddaear

Am filiynau o flynyddoedd, ymhell cyn i bobl ddod i'r byd, roedd ymlusgiaid enfawr o'r enw **deinosoriaid** yn rheoli'r Ddaear...

ond ble maen nhw nawr?

Roedd gwahanol ddeinosoriaid yn byw ar wahanol adegau, felly welodd rhai o'r rhain **erioed** 'mo'i gilydd!

Roedd gan y tyranosorws ddannedd enfawr allai grensian esgyrn.

Roedd plu gan y deinosor hwn, ond fedrai e ddim hedfan.

Sinosoropterics
(SI-no-sor-OP-ter-ics)

Tyranosorws
(TI-ran-o-SOR-ws)

Ystyr Triceratops yw 'wyneb tri-chorn'.

Triceratops
(Tri-CERA-tops)

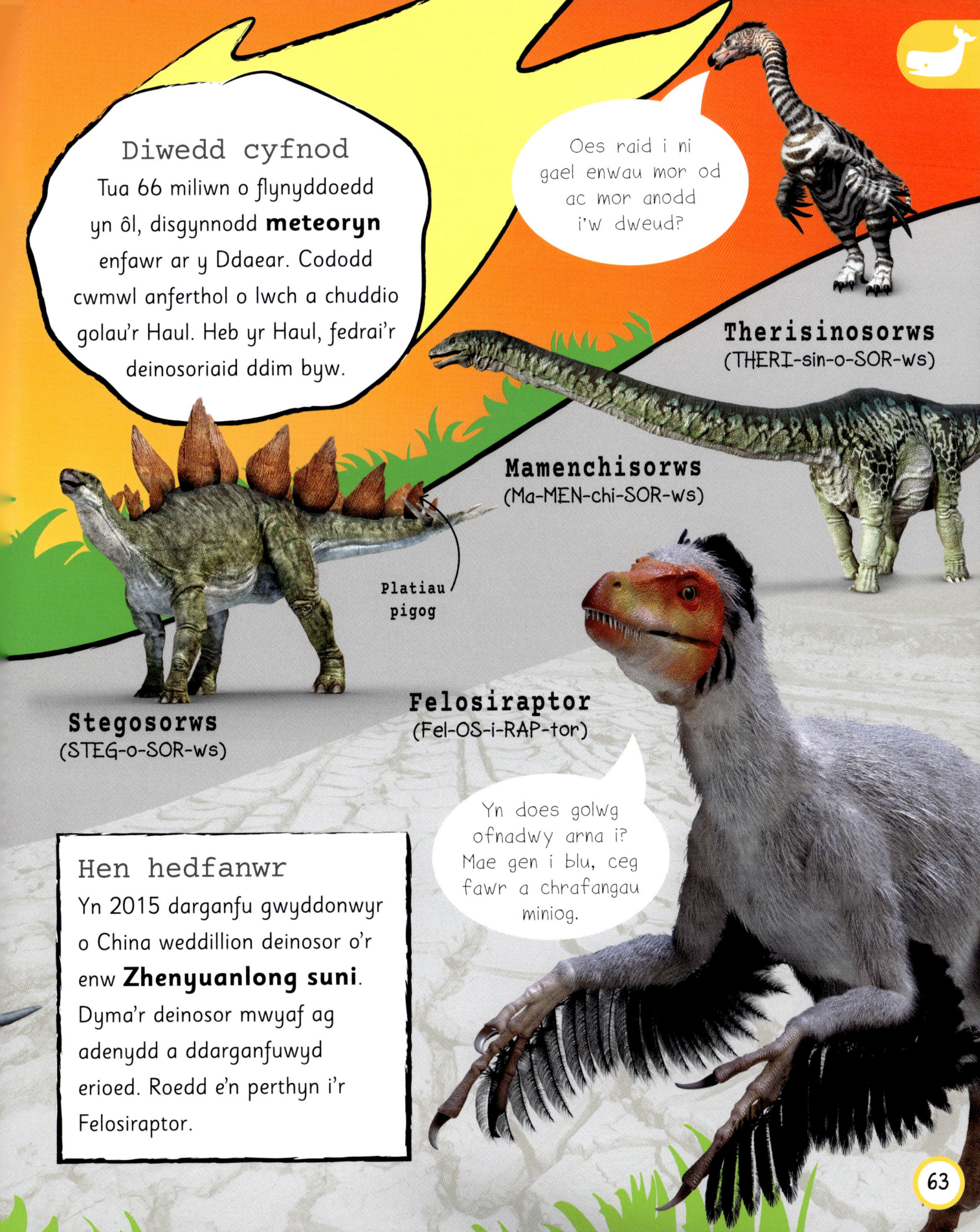

Diwedd cyfnod

Tua 66 miliwn o flynyddoedd yn ôl, disgynnodd **meteoryn** enfawr ar y Ddaear. Cododd cwmwl anferthol o lwch a chuddio golau'r Haul. Heb yr Haul, fedrai'r deinosoriaid ddim byw.

Oes raid i ni gael enwau mor od ac mor anodd i'w dweud?

Therisinosorws
(THERI-sin-o-SOR-ws)

Mamenchisorws
(Ma-MEN-chi-SOR-ws)

Platiau pigog

Stegosorws
(STEG-o-SOR-ws)

Felosiraptor
(Fel-OS-i-RAP-tor)

Yn does golwg ofnadwy arna i? Mae gen i blu, ceg fawr a chrafangau miniog.

Hen hedfanwr

Yn 2015 darganfu gwyddonwyr o China weddillion deinosor o'r enw **Zhenyuanlong suni**. Dyma'r deinosor mwyaf ag adenydd a ddarganfuwyd erioed. Roedd e'n perthyn i'r Felosiraptor.

Mamaliaid medrus

Mae yna famaliaid o bob **lliw** a **llun**, o'r llygoden fach i'r jiráff â'i wddw hir. Mamal wyt ti – a phob person arall!

Er bod y cawr hwn yn edrych fel pysgodyn, mamal yw'r morfil.

Llaeth mam
Mae mamaliaid yn edrych yn wahanol i'w gilydd – ac maen nhw yn wahanol! Ond mae'u mamau i gyd yn cynhyrchu llaeth i fwydo'u babanod.

Morfil

Babanod yn yfed llaeth

Y rhan fwyaf yn flewog

Ddim yn dodwy wyau fel arfer

Â gwaed cynnes

Dwi'n perthyn i ti! Mae mwncïod, epaod, a phobl yn perthyn i grŵp o'r enw primatiaid.

Mae ystlumod yn dod allan yn y nos i chwilio am fwyd.

Ystlum

Mwnci a babi

Ni yw'r unig famaliaid sy'n hedfan go iawn. Gleidio, nid hedfan, mae mamaliaid eraill, fel y wiwer fawr hedegog.

Mae eliffant yn defnyddio'i drwnc fel llaw.

Eliffant

Arth

Cwac cwac?

Mae gan hwn big a thraed gweog a'i enw yw hwyatbig. Ond mamal yw e, nid hwyaden flewog! Mae'n un o'r ychydig famaliaid sy'n dodwy wyau.

Teigr a chenau

Gorila

Pysgod perffaith

O'r siarcod mawr i'r morfeirch bach, gall pysgod edrych yn wahanol iawn i'w gilydd. Ond mae pob un yn berffaith ar gyfer **byw mewn dŵr**.

Pysgodyn yw siarc hefyd!

Mae'r pysgodyn aur yn anifail anwes poblogaidd. Dyw'r siarc ddim!

Mae'r esgyll yn helpu'r siarc i nofio'n syth.

Pethau pysgodlyd

Mae pysgod yn anadlu drwy ddefnyddio tagelli, yn lle ysgyfaint. **Gwaed oer** sy gan y rhan fwyaf o bysgod, yn wahanol i famaliaid ac adar. Mae hynny'n golygu eu bod yn methu cynhesu'u cyrff.

- ✓ Llawer yn gennog
- ✓ Anadlu â thagelli
- ✓ Gwaed oer
- ✓ Esgyll

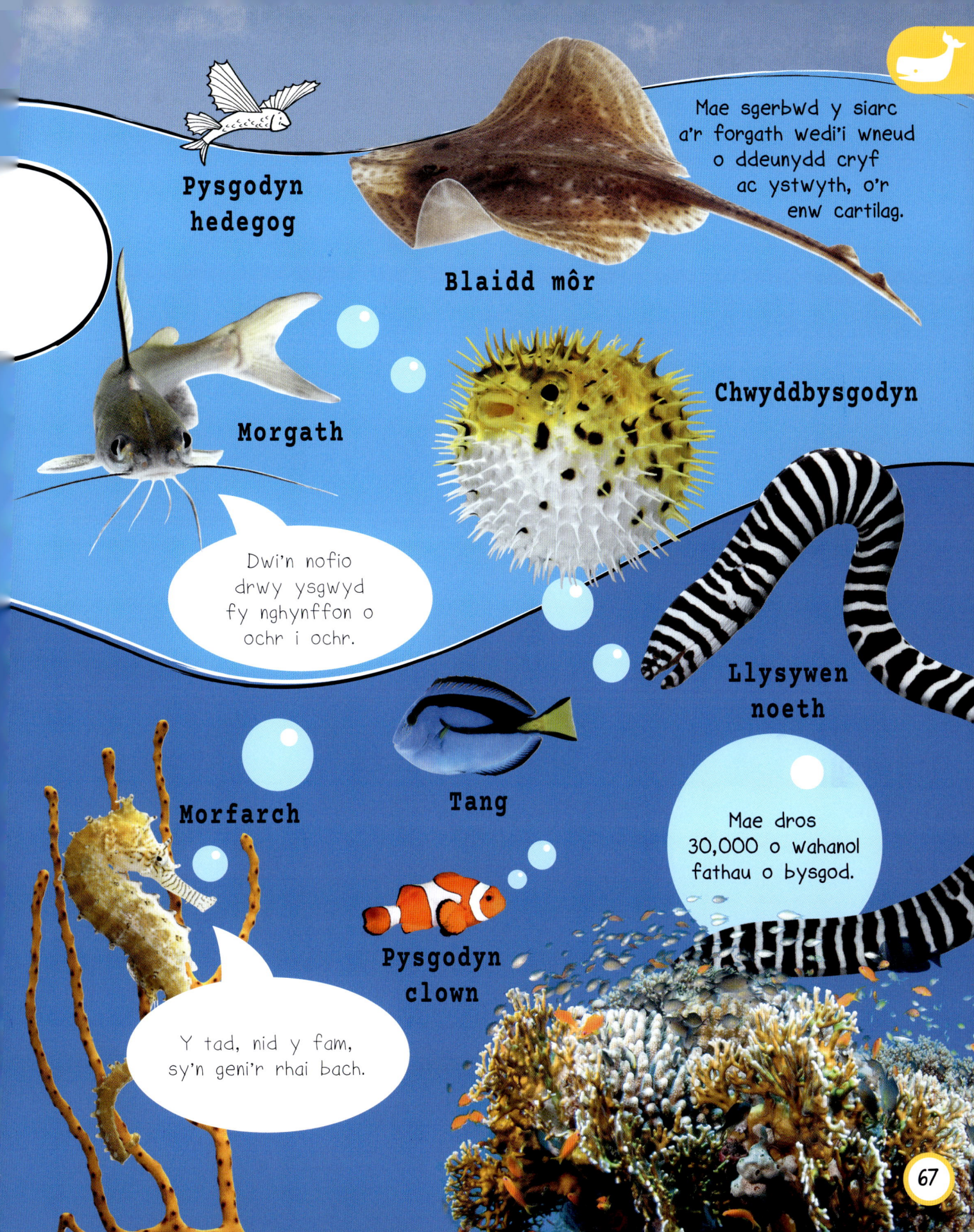

Pysgodyn hedegog

Blaidd môr

Mae sgerbwd y siarc a'r forgath wedi'i wneud o ddeunydd cryf ac ystwyth, o'r enw cartilag.

Morgath

Chwyddbysgodyn

Dwi'n nofio drwy ysgwyd fy nghynffon o ochr i ochr.

Llysywen noeth

Tang

Morfarch

Mae dros 30,000 o wahanol fathau o bysgod.

Pysgodyn clown

Y tad, nid y fam, sy'n geni'r rhai bach.

67

Does dim dannedd ym mhig aderyn.

Adar arbennig

Edrych i fyny! Mae'n hawdd gweld **aderyn**. Mae rhai'n hedfan, rhai'n siarad, rhai'n nofio, rhai'n crawcian. Adar yw'r unig anifeiliaid sy'n tyfu **plu**.

Twcan

- ✓ Plu
- ✓ Dodwy wyau
- ✓ Pig
- ✓ Gwaed cynnes

Plu pwysig

Ble bynnag mae'r aderyn yn byw, mae'r plu'n ei gadw'n sych ac yn gynnes. Heb eu plu, fedrai adar ddim hedfan!

Eryr

Ni yw'r adar lleiaf yn y byd. Mae ein hwyau'n FACH, FACH.

Macaw

Adar y si

Pelican

Cnocell y coed

Dwi mor fawr, alla i ddim hedfan, ond dwi'n gallu rhedeg fel y gwynt.

Estrys a chyw

Iâr

Hwyaid

Adar sy'n methu hedfan

Er iddyn nhw fflapian eu gorau glas, all rhai adar fel y pengwin a'r estrys **ddim hedfan**. Ond mae'r estrys yn gallu rhedeg yn gyflym iawn, ac mae'r pengwin yn nofiwr gwych.

Ymlaen â'r ymlusgiaid!

Mae yna ymlusgiaid o bob math – rhai'n cripian, rhai'n llithro, rhai'n brathu neu'n hisian – ond mae cennau gan bob un. Mae'r croen cennog yn wrth-ddŵr, ac mae'n eu hamddiffyn yn union fel arfwisg.

Poeth ac oer

Gwaed oer sy gan ymlusgiaid. Felly dyw eu cyrff ddim yn gallu'u helpu i oeri pan fyddan nhw'n boeth, na'u cynhesu pan fyddan nhw'n oer.

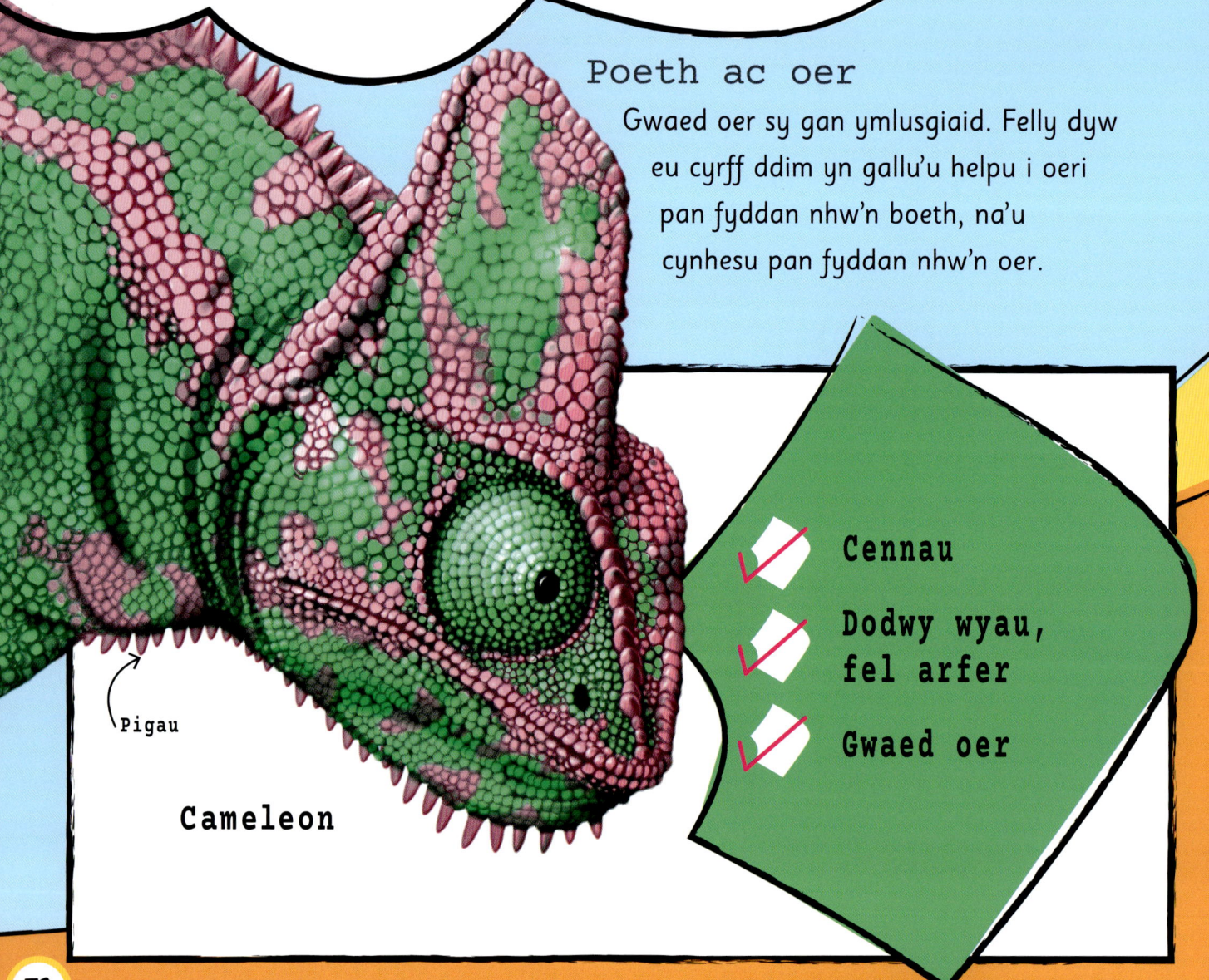

Pigau

Cameleon

- ✓ Cennau
- ✓ Dodwy wyau, fel arfer
- ✓ Gwaed oer

Amffibiaid
anhygoel

Mae gan yr anifeiliaid hyn **sgiliau syfrdanol**.

Wel, maen nhw'n gallu byw mewn **dŵr** ac

ar **dir**. Clyfar iawn!

Cylch bywyd

Mae brogaod, fel y rhan fwyaf o amffibiaid, yn deor o wyau. O dipyn i beth maen nhw'n tyfu a newid yn y dŵr, nes eu bod nhw'n barod i fyw ar y tir.

Broga

Wyau

Penbyliaid

Broga bach

Broga saethu gwenwyn

 **Croen llaith**

 **Gwaed oer**

 **Dim blew na ffwr**

Byw ar dir a dŵr

Broga pitw bach

Rhybudd lliwgar

Mae llawer o frogaod **gwenwynig** yn lliwgar iawn. Mae'r lliwiau'n rhoi rhybudd, '**Paid â 'mwyta i!**' Dyna glyfar!

> Salamandr ydw i. Mae fy nghorff a'm cynffon yn llyfn a sleimi.

Acsolotl

Dwed fy enw fel hyn: "ACS-o-LOT-yl"

Llyffant

Salamandr

Sesiliad

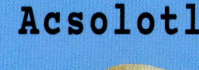

Broga

Pryfed prysur

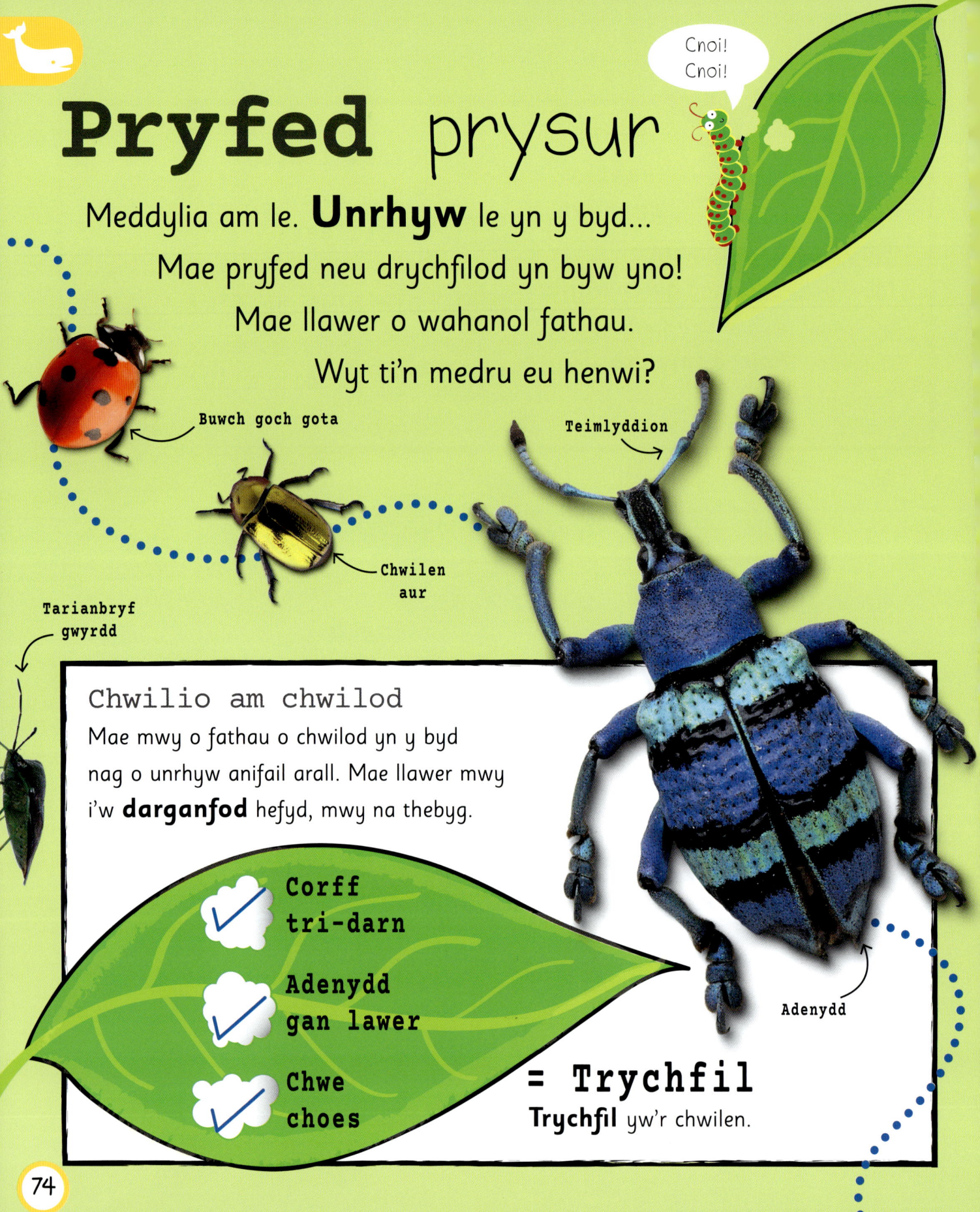

Cnoi! Cnoi!

Meddylia am le. **Unrhyw** le yn y byd...
Mae pryfed neu drychfilod yn byw yno!
Mae llawer o wahanol fathau.
Wyt ti'n medru eu henwi?

Buwch goch gota

Teimlyddion

Chwilen aur

Tarianbryf gwyrdd

Chwilio am chwilod

Mae mwy o fathau o chwilod yn y byd nag o unrhyw anifail arall. Mae llawer mwy i'w **ddarganfod** hefyd, mwy na thebyg.

- ✓ Corff tri-darn
- ✓ Adenydd gan lawer
- ✓ Chwe choes

Adenydd

= Trychfil
Trychfil yw'r chwilen.

Pryfyn

Gwe greulon

Mae'r rhan fwyaf o gorynnod yn nyddu **gwe** i ddal eu bwyd. Fel arfer mae'r corryn yn bwyta pryfed neu drychfilod eraill, ond gall corynnod mawr iawn ddal adar.

✓ **Wyth coes**

✓ **Corff dau-ddarn**

✓ **Dim adenydd**

Corff dau-ddarn

Wyth coes

= Arachnid

Arachnid yw'r corryn/pry cop.

Llwybr llithrig

Mae malwod gardd yn hoffi dod allan yn y nos i fwyta'r planhigion. Ble bynnag maen nhw'n mynd, maen nhw'n gadael llwybr o **lysnafedd**, sy'n eu helpu i symud yn esmwyth. Tric slic!

Cragen

Corff un-darn

✓ **Cragen**

✓ **Un droed hir**

✓ **Dim coesau**

Un droed hir

= Gastropod

Gastropod yw'r falwen.

O'r lindys i'r pilipala

Be? Mae'r lindys yn troi'n **bilipala** hardd?
Sut mae hynny'n digwydd?

2

Mae **lindys** yn deor o'r wy.

Chwiler

3

Mae'r lindys yn tyfu ac yn troi'n **chwiler** (neu grysalis).

1

Mae pilipala'n dodwy **wy** ar ddeilen.

Wy

Mae haenau adenydd y pilipala mor denau, rwyt ti'n gallu **gweld drwyddyn** nhw.

Y brenin

Gall y brenin, neu iâr fawr America, fyw am naw mis.

4

Ymhen ychydig mae'r chwiler yn agor a'r **pilipala**'n dod allan!

Plisgyn chwiler gwag

Ymestyn

I ddechrau mae **adenydd** y pilipala'n blygedig ac yn grychlyd, ond cyn hir maen nhw'n **ymestyn** er mwyn i'r pilipala allu hedfan i ffwrdd.

Cynefinoedd
yr anifeiliaid

Mae gan bob anifail le arbennig sy'n gartref iddo.

Cynefin yw enw'r lle arbennig hwn.

Mae dros **hanner** rhywogaethau anifeiliaid a phlanhigion y byd yn byw mewn coedwigoedd glaw!

Mae'n bwysig gofalu am ein cynefin.

Dwi'n dda am ddringo coed, ac yn defnyddio 'nghynffon i 'nghadw rhag syrthio.

Cefnforoedd a moroedd

Mae dŵr hallt y moroedd yn llawn o bysgod, mamaliaid a chreaduriaid eraill y môr.

Dwi'n dda iawn am nofio a dal fy anadl!

Anialdiroedd

Does dim llawer o anfeiliaid yn gallu byw yn yr anialwch, achos does dim digon o **ddŵr** i'w yfed.

Galla i fynd am fisoedd heb yfed.

Afonydd a llynnoedd

Dŵr croyw sy mewn afonydd a llynnoedd. Hynny yw, does dim halen ynddo.

Dwi'n gallu hedfan a nofio.

Glaswelltiroedd

Weithiau mae'n anodd cael bwyd ar y glaswelltir, yn enwedig yn ystod y **tymor sych**.

Mae fy ngwddw hir yn fy helpu i estyn dail o'r coed talaf.

79

O begwn i begwn

Mae'n oer iawn yn ymyl **Pegwn y Gogledd**
a **Phegwn y De**. Ond dyw hynny ddim yn
rhwystro rhai anifeiliaid rhag byw yno!

Gogledd

De

Yn y gaeaf does bron
dim **golau dydd** yn yr
Arctig, ac yn yr haf dyw
hi bron byth yn **dywyll**.

Carw

Walrws

Tylluan
yr eira

Pegwn y Gogledd
(Yr Arctig)

Arth
wen

Morlo

O dan y ffwr,
mae fy nghroen
yn ddu!

Mae ffwr yr
arth wen yn ei
helpu i guddio
yn yr eira.

Pengwin hapus

Does dim llawer o fathau o anifeiliaid yn Antarctica, ond mae miliynau o bengwiniaid wrth eu bodd yno!

Môr-wennol y Gogledd

Dwi'n hedfan rhwng y ddau begwn!

Pengwiniaid ymerodrol

Mae pengwiniaid brenhinol yn dal yr wy ar eu traed i'w gadw'n gynnes.

Morlo manflewog

Iym! Pysgod yw fy hoff fwyd.

Pengwiniaid brenhinol

Pengwin Adélie

Dwi'n un o'r mathau lleiaf o bengwin.

Pegwn y De (Antarctica)

Bywyd ar y fferm

Gwartheg, defaid, geifr a cheffylau – mae llawer o wahanol anifeiliaid ar y **fferm**. Pa rai weli di?

Defaid

Gwyddau

Mw! Dwi'n cynhyrchu llaeth ar y fferm.

Buwch

Mae caws a hufen iâ yn cael eu gwneud o laeth.

Mae sawl math arall o fferm i'w gael –

Tyfu cnydau

Defnyddir llawer o dir fferm i dyfu cnydau. Daw'r rhan fwyaf o'n bwyd o'r cnydau hyn. Y rhai mwyaf cyffredin yw india-corn, reis, a gwenith.

India-corn

Mae india-corn yn fwyd poblogaidd iawn, yn enwedig yn UDA.

Mae'r ceiliog yn canu "coc-a-dwdl-dŵ!"

Ieir

Dwi'n helpu drwy gario pobl ar fy nghefn.

Ceffyl

Gwaith fferm

Mae ffermydd yn ein helpu i gael pethau pwysig – wyau i frecwast, er enghraifft, a gwlân i wneud dillad.

Mochyn

Twrci

Gafr

Mae mochyn yn hoffi rholio mewn mwd, ond nid am ei fod yn frwnt. Mae'r mwd yn gwarchod ei groen rhag yr haul!

fferm eogiaid a fferm falwod!

Reis

I dyfu reis, rhaid cael llawer iawn o ddŵr. Mewn rhannau o Asia, mae pobl yn bwyta reis bron bob dydd.

REIS

Gwenith

Rydyn ni'n defnyddio gwenith i wneud llawer o fwydydd, gan gynnwys bara, pasta a chacennau!

Mentro i'r mynyddoedd

Rydyn ni wedi dringo'n uchel o ffordd pawb! Oes rhywun yn sbecian arnon ni? Fedri di enwi'r anifeiliaid hyn?

Llew mynydd

Enw arall am lew mynydd yw cwgar.

Eryr

Mae eryrod yn hedfan yn uchel dros y mynyddoedd.

Blaidd

Mae bleiddiaid yn byw yn un teulu mawr, o'r enw cnud.

Mae gan bob cadwyn o fynyddoedd ei hanifeiliaid

Andes

Mae **condor yr Andes** yn byw yn Ne America. Mae ei adenydd enfawr yn ei helpu i gleidio drwy'r awyr.

Mynyddoedd yr Atlas

Math o fwnci o Affrica yw **macaco Barbari**. Benywod sy'n arwain pob grŵp.

Mae corfleiddiaid yn hoffi udo ar y Lleuad.

Dwi'n dda iawn am ddringo coed.

Arth ddu

Corflaidd

Gafr y mynydd

Dwi'n ddringwr gwych. Gwylia fi'n cerdded ar y clogwyni.

arbennig ei hun. Dyma rai anghyffredin.

Alpau'r De
Y **cea** o Seland Newydd yw'r unig barot mynydd. Mae mor glyfar, mae'n gallu datrys posau.

Mynyddoedd Himalaya
Math o fuwch sy'n byw ym mynyddoedd uchel Asia yw'r **iac**.

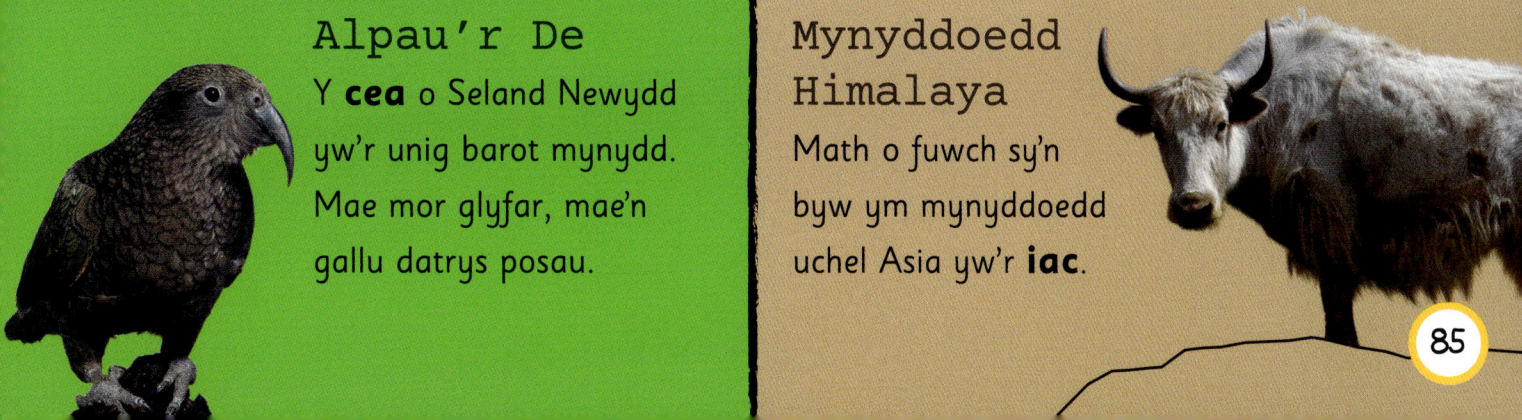

Anifeiliaid yr **anialwch**

Er bod yr anialwch **poeth** a **sych** yn edrych yn wag, mae rhai anifeiliaid yn gallu byw yno'n ddigon hawdd.

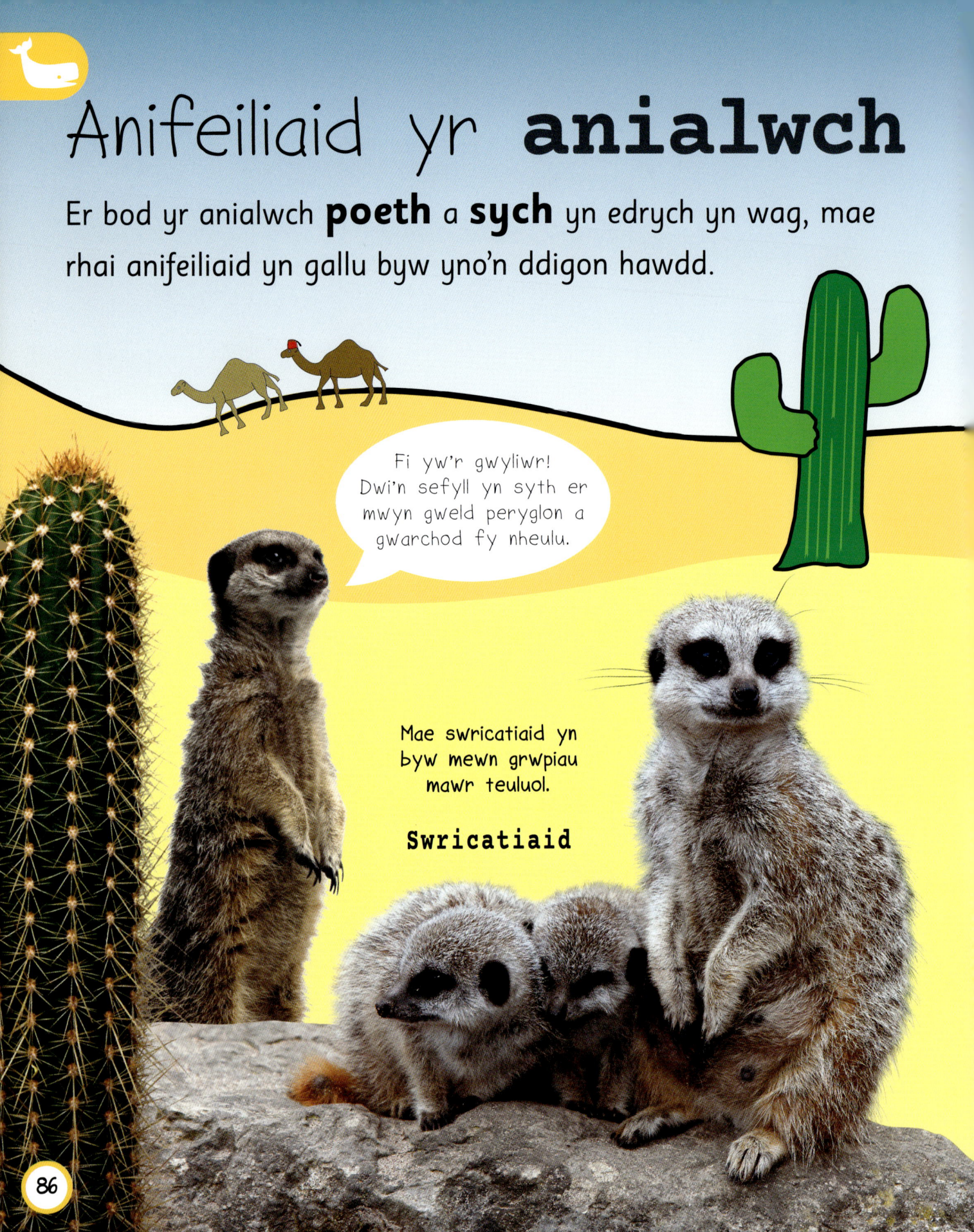

Fi yw'r gwyliwr! Dwi'n sefyll yn syth er mwyn gweld peryglon a gwarchod fy nheulu.

Mae swricatiaid yn byw mewn grwpiau mawr teuluol.

Swricatiaid

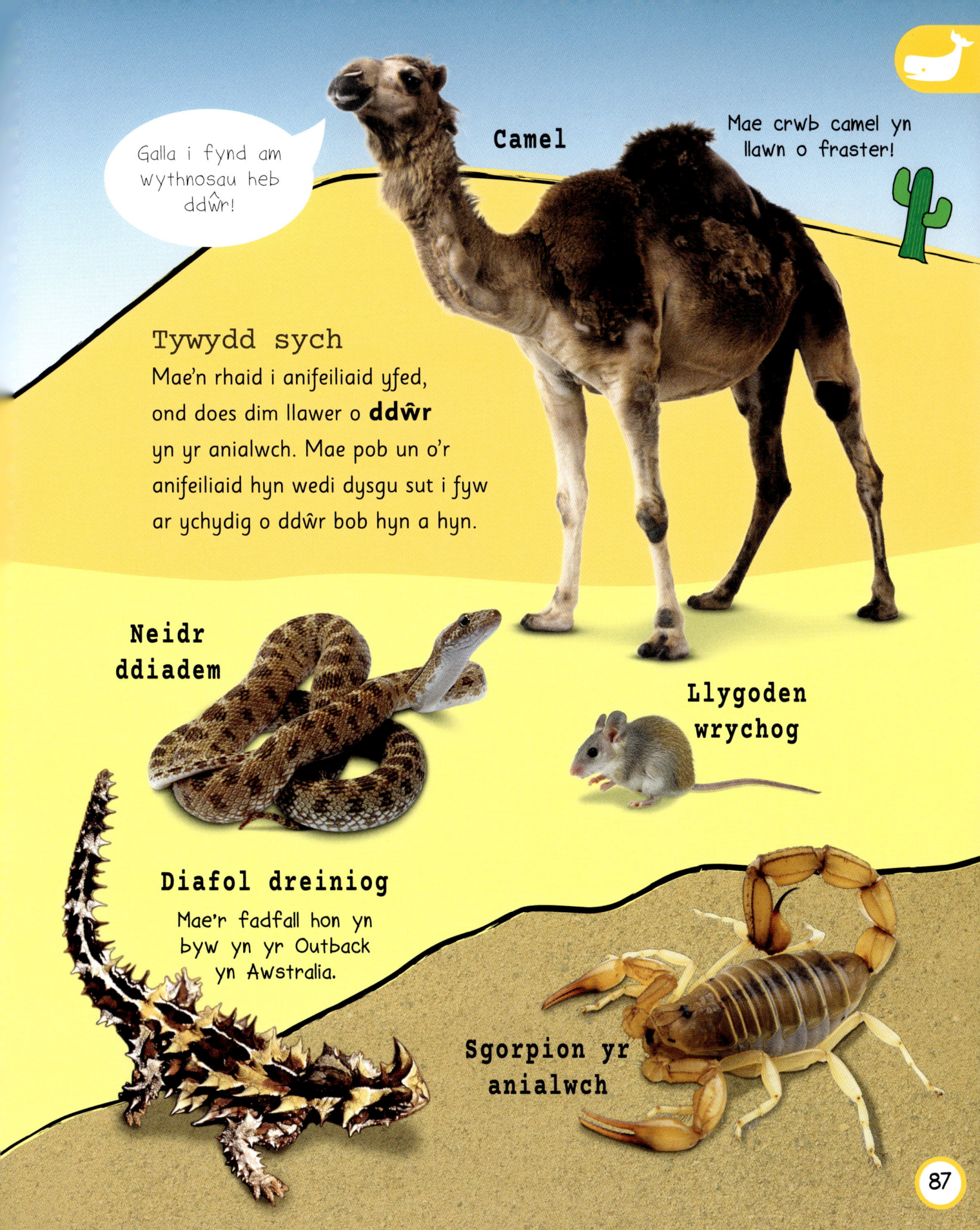

Galla i fynd am wythnosau heb ddŵr!

Camel

Mae crwb camel yn llawn o fraster!

Tywydd sych

Mae'n rhaid i anifeiliaid yfed, ond does dim llawer o **ddŵr** yn yr anialwch. Mae pob un o'r anifeiliaid hyn wedi dysgu sut i fyw ar ychydig o ddŵr bob hyn a hyn.

Neidr ddiadem

Llygoden wrychog

Diafol dreiniog

Mae'r fadfall hon yn byw yn yr Outback yn Awstralia.

Sgorpion yr anialwch

Ymweld â gwastadeddau Affrica

I ffwrdd â ni ar **SAFFARI**! Mae cymaint o anifeiliaid diddorol ar wastadeddau Affrica.

Jiraffod

Mae gwddw hir y jiráff yn ei helpu i gyrraedd y dail ar frigau ucha'r coed.

Gafrewigod

Sebras

Er bod glaswelltiroedd Affrica'n boeth ac yn sych, maen nhw

Llewod
Haid yw'r enw am grŵp teuluol o lewod.

Byfflo Affricanaidd
Dyw'r anifeiliaid sychedig hyn byth yn symud ymhell o **ddŵr**.

Ble mae'r dŵr?

Glaswelltiroedd llydan ac agored yw gwastadeddau Affrica. Mae'n boeth ac yn sych yno, felly mae'r anifeiliaid yn crynhoi wrth y **pyllau dŵr**.

> Dwi'n hoffi dringo coed. Weithiau dwi'n cario fy mwyd i ben coeden!

Llewpard

Eliffantod

Eliffantod Affricanaidd yw'r anifeiliaid mwyaf ar dir.

Hipopotamws

hefyd yn cael tymor glawog sy'n helpu planhigion i dyfu.

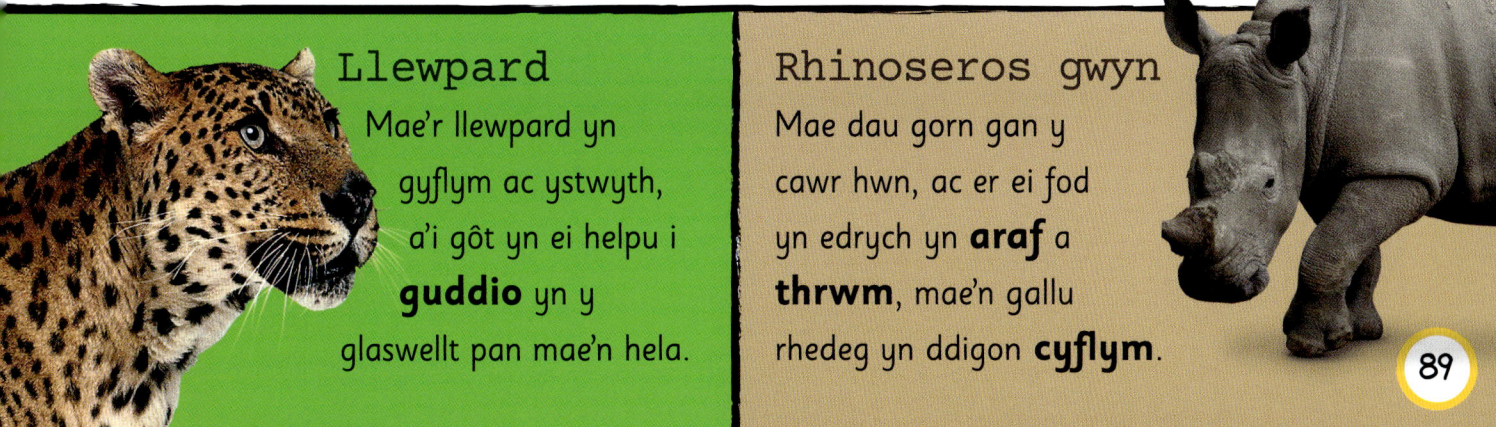

Llewpard

Mae'r llewpard yn gyflym ac ystwyth, a'i gôt yn ei helpu i **guddio** yn y glaswellt pan mae'n hela.

Rhinoseros gwyn

Mae dau gorn gan y cawr hwn, ac er ei fod yn edrych yn **araf** a **thrwm**, mae'n gallu rhedeg yn ddigon **cyflym**.

89

Y morfil glas enfawr

Cawr y môr yw'r **morfil glas**.
Does 'na 'run creadur yn
y byd mor fawr â hwn.

Cragen long

Dwi'n fawr, yn fawr IAWN!

Mae calon
morfil glas mor
fawr â char.

Yn hirach na BWS hyd yn oed.

Mamal MAWR

Nid pysgodyn yw'r morfil
(yn wahanol i'r siarc), felly mae'n
gorfod dod i'r wyneb i anadlu aer.
Mamal yw'r morfil, 'run fath
â'r llygoden, ond ei fod yn fwy
o **LAWER!**

Mae'r morfil glas
yn fwy na'r
deinosor mwyaf.

Cragen long ydw i,
a dwi'n hoffi glynu'n dynn.
Dwi'n bwyta sbarion bwyd
y morfil ac yn byw fel
brenhines.

Ceg enfawr

Mae'r morfil hwn nid yn
unig yn fawr, mae hefyd yn
SWNLLYD iawn! Gall swnio
fel **AWYREN** yn codi i'r awyr.

Bolgi mawr

Cril pitw bach yw bwyd y morfil.
Rhaid iddo fwyta 40 miliwn y dydd.
Am **LOND BOL!**

Cril

Siarcod slic

Er eu bod yn edrych yn ddanheddog a ffyrnig, mae llawer o siarcod yn **ddiniwed** iawn. Wir!

Beth yw siarcod?

Math o bysgodyn yw'r siarc. Mae siarcod yn nofio ym mhob môr, ac mewn rhai afonydd. Mae gan y rhan fwyaf lond ceg o ddannedd, ond mae rhai heb ddannedd o gwbl.

Fi yw'r siarc **MAWR GWYN**, heliwr mwyaf peryglus y môr!

Siarc mawr gwyn

Dannedd miniog

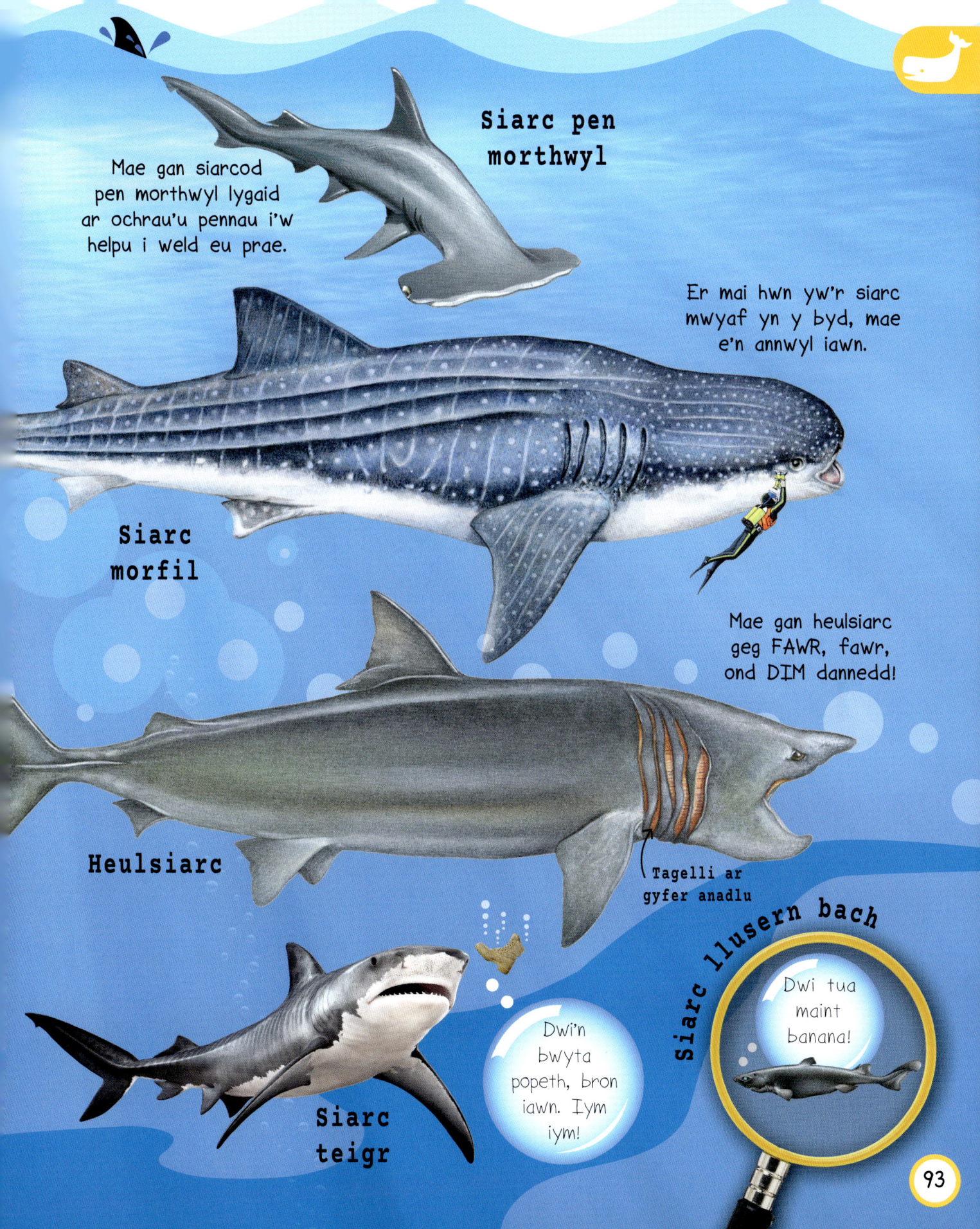

Siarc pen morthwyl

Mae gan siarcod pen morthwyl lygaid ar ochrau'u pennau i'w helpu i weld eu prae.

Er mai hwn yw'r siarc mwyaf yn y byd, mae e'n annwyl iawn.

Siarc morfil

Mae gan heulsiarc geg FAWR, fawr, ond DIM dannedd!

Heulsiarc

Tagelli ar gyfer anadlu

Siarc llusern bach

Dwi tua maint banana!

Dwi'n bwyta popeth, bron iawn. Iym iym!

Siarc teigr

93

Parti'r primatiaid

Mae'r criw clyfar, busneslyd a siaradus hwn yn perthyn i grŵp o anifeiliaid o'r enw **primatiaid**.

Tsimpansî

Teulu talentog

Mae pobl yn perthyn yn agos iawn i'r **tsimpansî**, sy'n epa clyfar dros ben (ond nid yn fwnci).

Orangwtan

Mae pobl yn brimatiaid hefyd!

Mae'r orangwtan yn dwlu ar ffrwythau.

Pen a chynffon?

Mae **cynffonnau** gan rai primatiaid – y mwncïod, er enghraifft. Ond does gan y tsimpansî a'r gorila ddim cynffon. Epaod yw'r rheiny.

Mwnci cycyllog

Mae'r mwnci'n gallu defnyddio'i gynffon hir i ddringo coed.

Dwi'n byw ar lawr y goedwig gyda'r gorilas eraill. Dwi'n rhy fawr a thrwm i fyw ym mrigau'r coed.

Udwr

Cuddia dy GLUSTIAU!

Mae'r mwnci hwn yn SWNLLYD IAWN.

Mwnci heglog

Gorila

95

Diogyn yw fy enw i, achos dwi mor araf.

Creaduriaid **cyflym**

Wyt ti'n gallu rhedeg yn gyflym? Edrych ar yr anifeiliaid hyn. Pwy sy'n **gyflym** iawn a phwy sy'n **araf** iawn.

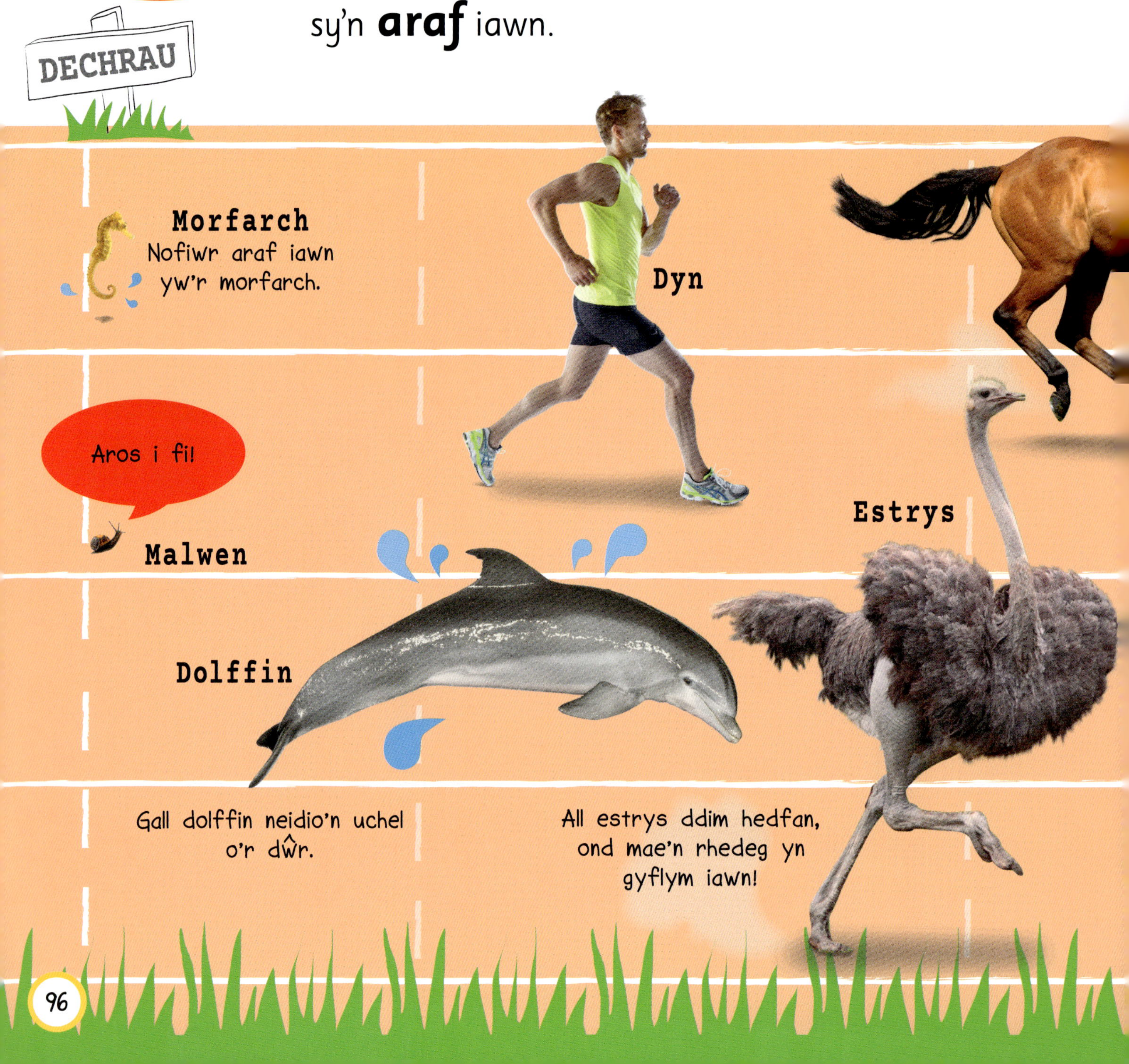

DECHRAU

Morfarch
Nofiwr araf iawn yw'r morfarch.

Dyn

Aros i fi!

Malwen

Estrys

Dolffin

Gall dolffin neidio'n uchel o'r dŵr.

All estrys ddim hedfan, ond mae'n rhedeg yn gyflym iawn!

Nofwyr cryf

Gall eirth gwyn nofio'n gyflym ac yn bell. Yn ôl y gwyddonwyr, fe nofiodd un arth wen am **naw diwrnod**, heb aros i fwyta na chysgu.

Dwi'n plymio i ddal fy mhrae.

Mae'r cudyll glas yn gallu plymio'n gyflymach nag y gall anifeiliaid eraill symud!

DIWEDD

Ceffyl

Gwennol ddu'r Alpau

Mae'r wennol hon yn hedfan yn gyflym iawn, a bron byth yn aros i glwydo nac i lanio.

Tsita

Y tsita yw'r anifail cyflymaf ar dir.

Edrych mor gyflym ydw i!

Pry llwyd

Gwylia fi'n nofio!

Hwylbysgodyn

Cathod mawr

Wyt ti wedi gweld cathod anwes yn ymlacio, canu grwndi, neidio a chwarae? Wel, mae cathod mawr yn gwneud 'run fath!

Sbio ar smotiau

Mae gan rai cathod mawr **ffwr patrymog** sy'n eu cuddio rhag eu prae.

Llewpard

Mae'r tsita hwn yn edrych yn gysglyd, ond gwylia di! Mae'n rhedeg yn gyflym iawn.

Tsita

Yn eu cynefin y cathod mawr

Teigr

Y teigr yw'r **cryfaf** a'r **mwyaf** o'r cathod mawr.

Cath anwes

Gwylia dy gath. Ydy hi'n **debyg** i gathod mawr?

Gelyn grrr-ymus

Cig yw bwyd y cathod mawr, felly rhaid hela am ginio.

Mae llewod yn byw mewn grŵp mawr teuluol, sef haid.

Llewod

Y llewesau sy'n gofalu am y cenawon, ac yn hela, gan amlaf.

yw'r helwyr gorau gan amlaf.

Panther du

Math o lewpard yw'r panther du, ond mae'n anodd gweld ei **smotiau**.

Llewpard yr eira

Mae gan y llewpard hwn **ffwr trwchus** iawn i'w gadw'n gynnes yn y mynyddoedd oer.

Anifeiliaid **y nos**

Yn y nos, pan wyt ti'n cysgu, mae byd dirgel yn **deffro**.
Dere i gwrdd â'r anifeiliaid diddorol sy'n dod allan yn
y tywyllwch. Anifeiliaid **nosol** yw'r rhain.

> Mae fy nhrwyn hir yn fy helpu i sniffian am fwyd.

Mae gan yr armadilo dafod hir i ddal morgrug.

Mochyn daear

Grugarth

Armadilo

Clust, trwyn, pawen, llygaid cry'

Corlwynog

Hwn yw'r llwynog lleiaf yn
y byd. Mae'n byw mewn
anialwch poeth a sych,
ac yn defnyddio'i glustiau mawr
i **wrando** am ei brae.

Racŵn

Un da iawn am **gyffwrdd**
a theimlo yw'r racŵn.
Dyna sut mae'n gallu
mynd o gwmpas mewn
tywyllwch dudew.

Dwi'n hedfan mor dawel, dyw fy mhrae'n clywed dim.

Ystlum

Noswaith dda

Mae gan anifeiliaid nosol alluoedd arbennig – **llygaid** da neu **glyw** ardderchog – sy'n eu helpu yn y tywyllwch.

Tylluan

Mae gen i glyw da iawn.

Drwy chwarae mae'r cenawon yn dysgu sut i hela.

Llwynogod

Blaidd

Draenog

Mae blaidd yn gweld yn dda iawn yn y nos. Gwylia di, Hugan Fach Goch!

yn y nos sy'n help i ni!

Ciwi

Mae'r ciwi'n byw yn Seland Newydd. All e ddim hedfan na gweld yn dda iawn, ond mae ganddo ffroenau ar flaen ei big i **sniffian** am fwyd.

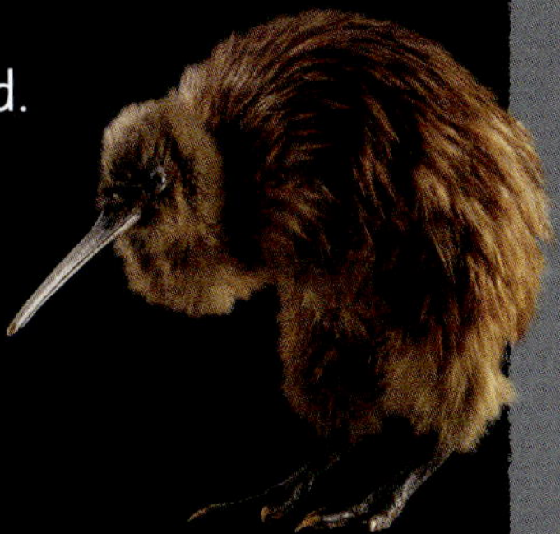

Galago

Mae'r creadur bach hwn yn byw yn Affrica. Mae ganddo lygaid mawr i **weld** yn dda yn y nos.

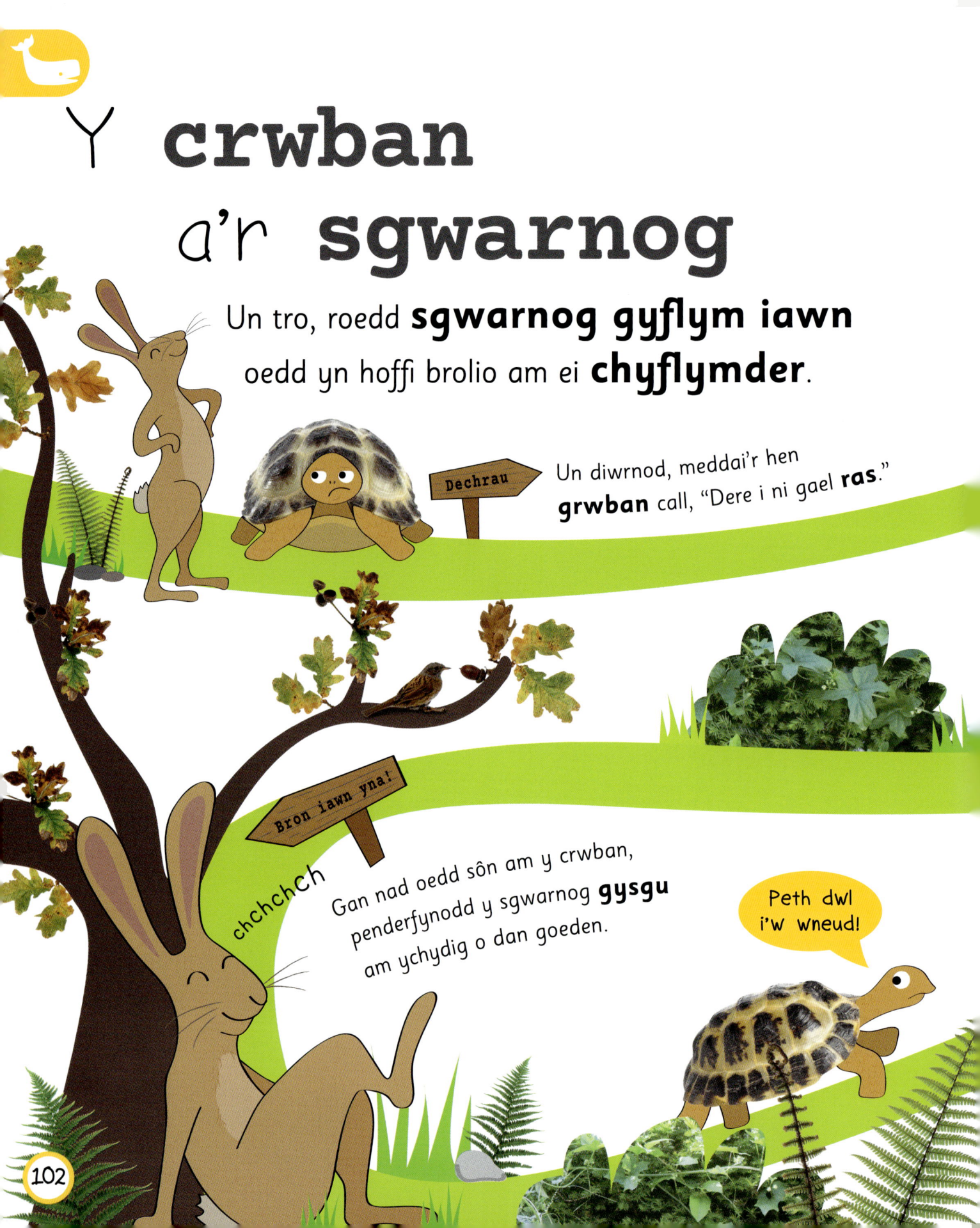

Y crwban a'r sgwarnog

Un tro, roedd **sgwarnog gyflym iawn** oedd yn hoffi brolio am ei **chyflymder**.

Dechrau

Un diwrnod, meddai'r hen **grwban** call, "Dere i ni gael **ras**."

Bron iawn yna!

chchchch

Gan nad oedd sôn am y crwban, penderfynodd y sgwarnog **gysgu** am ychydig o dan goeden.

Peth dwl i'w wneud!

Mae crwbanod yn **araf**, felly roedd y sgwarnog yn disgwyl ennill yn **hawdd**.

Symuda hi!

I ffwrdd â'r sgwarnog fel mellten, a'r crwban yn dilyn yn **araf a chyson**.

Hanner ffordd

Tra oedd y sgwarnog yn cysgu, aeth y crwban heibio a cherdded yn ei flaen i **ennill y ras**.

Llinell derfyn

Roedd y crwban yn **falch** ei fod wedi dal ati, a'r sgwarnog yn teimlo'n **ddwl** am fod mor ddiofal.

1af

Pethau pwysig iawn am

bobl

Mae ein ffordd o fyw wedi newid yn llwyr, diolch i'r bobl sy wedi **creu** a **darganfod** pethau rhyfeddol. Amser maith yn ôl, roedden ni'n byw mewn ogofâu ac yn peintio ar y waliau. Heddiw rydyn ni'n gallu gwella llawer o afiechydon, teithio o gwmpas y byd, a hyd yn oed hedfan i'r Lleuad!

Y **bobl** gynharaf

Rydyn ni wedi dysgu am y **bobl gynharaf** drwy edrych ar y pethau wnaethon nhw ac ar luniau ar waliau ogofâu.

Roedd raid i'r bobl gynharaf fyw yn ymyl dŵr, felly mae llawer o'u lluniau'n dangos afonydd a nentydd.

Teigr ysgithrog

Pa fath o lun?

Mae rhai lluniau wedi'u crafu ar graig, ond mae rhai wedi'u peintio. Cymysgedd o **saim anifail** a siarcol oedd y paent.

Diflannodd y mamothiaid amser maith yn ôl. Roedden nhw'n debyg i eliffantod mawr blewog.

Mae llawer o'r lluniau ogof yn dangos anifeiliaid oedd yn byw'r adeg honno.

Mamoth

Cliwiau clyfar

Wyddon ni fawr ddim am y bobl gynnar, felly mae'r lluniau ogof yn rhoi cliwiau pwysig i ni.

Offer hela

Rhinoseros gwlanog

Darganfod pethau cynnar

Mae'r darganfyddiadau hyn yn edrych yn syml iawn heddiw, ond maen nhw mor bwysig, mae'n amhosib dychmygu sut gallai pobl fyw hebddyn nhw.

Fe wnaethon ni dân drwy rwbio brigau ynghyd.

Tân

Roedd modd **coginio** bwyd ar y tân. O ganlyniad, fe newidiodd ein cyrff a'n hymennydd o dipyn i beth, ac fe ddaethon ni'n ddigon clyfar i allu dyfeisio a darganfod pethau eraill.

Roedd tân yn ffynhonnell bwysig o wres a golau. Mae hynny'n dal yn wir.

Yr olwyn

Rydyn ni'n dal i ddefnyddio olwynion i deithio o gwmpas ac i symud pethau **trwm**. Cyn dyfeisio'r olwyn, roedd raid i ni wthio pethau trwm neu eu rholio dros foncyffion!

Hen olwyn garreg

Mae hwn yn drwm IAWN!

Heb olwynion fyddai gen ti ddim car na beic.

Offer

Roedd pob math o waith – hela, gwneud dillad a ffermio'r tir – yn haws o lawer ar ôl i ni ddechrau gwneud a defnyddio offer.

Offer cynnar

Rydyn ni'n dal i ddyfeisio offer newydd heddiw.

Yn yr Hen Aifft

Amser maith, maith yn ôl roedd pobl bwerus o'r enw **pharoaid** yn rheoli gwareiddiad datblygedig yr **Hen Aifft**.

Mymi mawreddog

Pan oedd pharo'n marw, roedd e'n cael ei droi'n **fymi**, ac yna'i gladdu mewn bocs cain o'r enw sarcoffagws (sar-COFF-a-gws).

Dyma sarcoffagws y pharo Tutankhamun (Tw-tan-ca-mŵn).

Ddoe a heddiw

Er bod yr hen Eifftiaid yn byw amser maith yn ôl, roedden nhw'n gwneud llawer o'r un pethau â ni.

GWISGO COLUR
Roedd pawb yn gwisgo paent llygad.

SGRIFENNU
Roedd eu sgrifen yn llawn lluniau.

Roedd mymi'n cael ei lapio mewn cadachau cyn ei gladdu.

Yr adeilad talaf yn yr hen fyd oedd Pyramid Mawr Giza. Mae'n dal i sefyll heddiw.

Dysgodd yr Eifftiaid sut i gludo cerrig dros bellter hir, a mynd ati i adeiladu'r **pyramidiau**. Beddau'r pharoaid oedd y cofebau enfawr hyn.

Miaw!

GWISGO SANAU
Wir i ti!

GLANHAU DANNEDD
Fe ddyfeision nhw fintysen
i buro'r anadl!

CADW CATHOD
Roedd cathod yn
bwysig iawn. Cafodd
rhai eu troi'n fymïod.

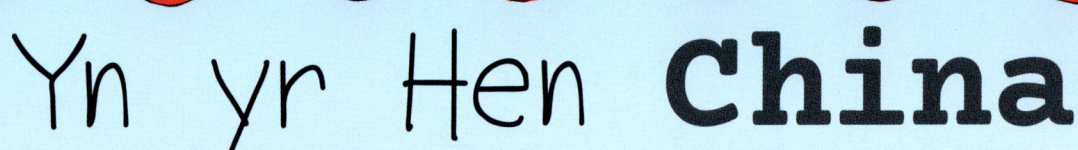

Yn yr Hen China

Yn ystod eu hanes **hir** mae'r Chineaid wedi adeiladu, darganfod a dyfeisio llawer o bethau pwysig.

Y fyddin terracotta

Sidan

Te

Mae dros 8,000 **cerflun** o filwyr **llawn-maint** yn gwarchod bedd ymerawdwr cyntaf China. Mae gan bob milwr wyneb gwahanol.

Mae **te**'n bwysig iawn yn hanes China. Mae llawer o bobl yn cynnal seremonïau te hyd heddiw.

Dysgodd y Chineaid sut i wneud **sidan** o chwilerwe'r pry sidan a'i ddefnyddio i greu barcutiaid a dillad moethus.

Am ganrifoedd roedd y dull o wneud sidan yn gyfrinach!

Wal Fawr China

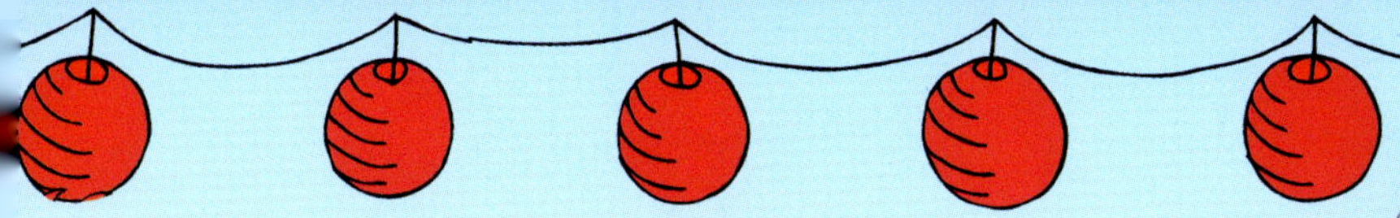

Powdwr gwn, papur, argraffu a'r cwmpawd – dyna Bedair Dyfais Fawr China.

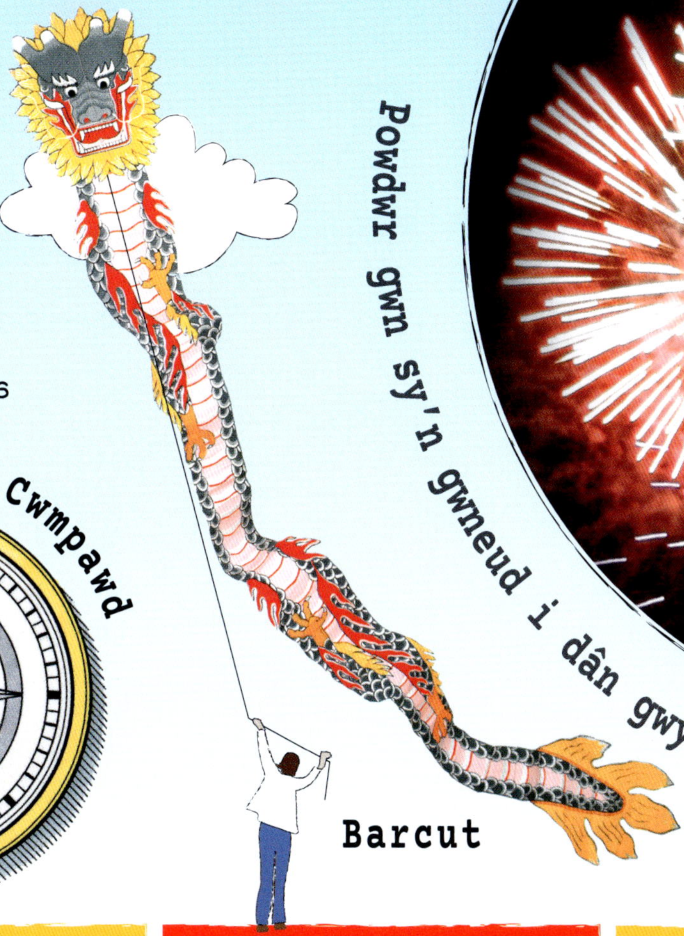

Cwmpawd

Powdwr gwn sy'n gwneud i dân gwyllt FFRWYDRO!

Barcut

Y Chineaid ddyfeisiodd y **cwmpawd** a ddangosai i forwyr ac anturiaethwyr pa ffordd i fynd.

Roedd y barcut yn fwy na thegan. Roedd y Chineaid yn defnyddio **barcutiaid** i fesur cyflymder y gwynt ac i anfon signalau at ei gilydd.

Mae papur yn bwysig iawn, iawn. Heb bapur, allet ti ddim darllen y llyfr hwn!

Mae'r Chineaid yn defnyddio symbolau, nid llythrennau.

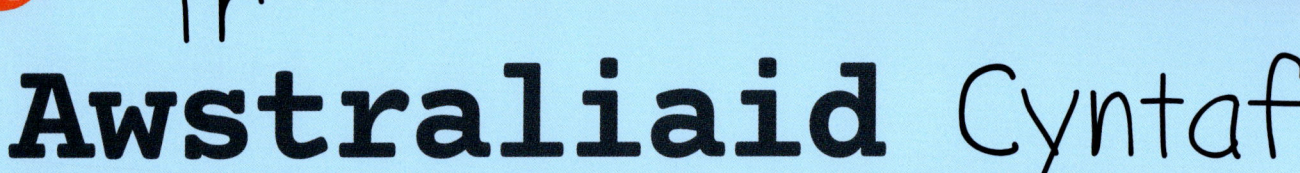

Yr Awstraliaid Cyntaf

Roedd yr Awstraliaid Cyntaf yn byw yn Awstralia **ymhell** cyn pawb arall, ac maen nhw'n dal i fyw yno heddiw. Mae eu ffordd o fyw wedi para am filoedd o flynyddoedd.

Uluru

Yn y gorffennol, roedden nhw'n defnyddio brigau i gynnau tân

Pobl ysbrydol

Mae'r Awstraliaid Cyntaf yn credu bod cysylltiad agos rhyngddyn nhw â'r **tir**. Mae ganddyn nhw lawer o gredoau, storïau a chwedlau sy'n sôn am greu'r byd.

Mae llawer o Awstraliaid Cyntaf yn dweud hanes y byd drwy

Arwyddion a symbolau

Mae lluniau'r Awstraliaid Cyntaf yn defnyddio symbolau i ddweud stori. Dyma ystyr rhai o'r symbolau.

Ôl troed dynol

Afon

114

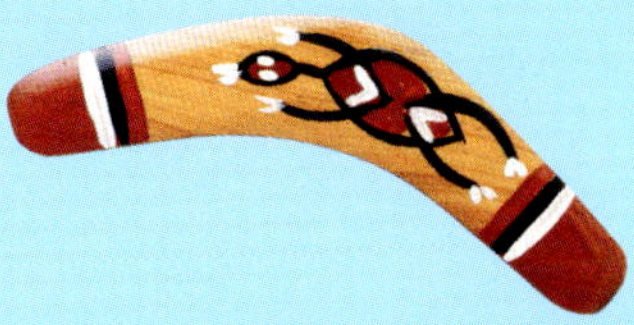

Darn o bren yw'r bwmerang. Os tafli di hwn, dylai ddod yn ôl atat.

Hen offeryn cerdd yw'r dijeridŵ. Mae'n dal i gael ei chwarae heddiw.

Craig sanctaidd

Mae'r graig fawr **Uluru** yn bwysig iawn i'r Awstraliaid Cyntaf. Ar waelod y graig mae ogofâu sy'n llawn o hen, hen luniau.

FIWSIG, DAWNS, STORÏAU a CHELF.

Pobl o gwmpas tân gwersyll

Olion cangarŵ

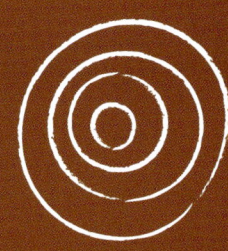

Pwll dŵr

Rhufeiniaid rhyfeddol

Er bod yr **hen Rufeiniaid** yn byw amser maith yn ôl, roedd sawl agwedd o'u bywyd yn eithaf modern.

Dŵr ar daith

Dyfeisiodd y Rhufeiniaid **bontydd dŵr**. Roedd y pontydd hyn yn cario dŵr i drefi a dinasoedd.

Rydyn ni'n hoffi gwledda.

Baddondai mawr

Doedd gan y rhan fwyaf o Rufeiniaid ddim bath yn y tŷ. Roedden nhw'n ymolchi yn y baddondai cyhoeddus gyda'u ffrindiau.

Ddoe a heddiw

Roedd y Rhufeiniaid yn glyfar iawn. Fe wnaethon nhw ddyfeisio llawer o'r pethau sy gyda ni heddiw.

Dysgon nhw sut i chwythu gwydr poeth i wneud gwydrau.

Roedd ganddyn nhw doiledau a charthffosydd!

Ffrwydrodd Mynydd Feswfiws gan ddinistrio dinas Pompeii a'i gorchuddio â lludw.

Cerbyd Rhufeinig

Roedd y Rhufeiniaid yn gwylio sioeau mewn stadiwm fel y Colosseum yn Rhufain. Mae'r Colosseum yn dal i sefyll heddiw!

Roedd y Rhufeiniaid yn hoffi gwylio gladiatoriaid yn ymladd yn erbyn ei gilydd – ac yn erbyn llewod!

Adeiladodd y Rhufeiniaid hewlydd hir, syth.

"Dwi wedi dod, gweld a choncro."
Dyna eiriau Iŵl Cesar, cadfridog Rhufeinig. Roedd Cesar eisiau ehangu Rhufain, felly fe goncrodd lawer o wledydd.

Y Rhufeiniaid oedd y cyntaf i adeiladu â choncrît.

Roedd ganddyn nhw blismyn a dynion tân!

Llychlynwyr llym

Roedd y Llychlynwyr yn dod o Lychlyn (Norwy, Denmarc a Sweden). Roedden nhw'n ymladdwyr ffyrnig, yn ysbeilwyr a masnachwyr, a ymosodai ar wledydd eraill Ewrop yn yr hen amser.

Llongau chwim

Gallai'r Llychlynwyr sleifio i fyny afon ac ymosod yn sydyn, am fod eu llongau hir yn gallu teithio drwy ddŵr dwfn neu fas.

Ymladdwyr brawychus

Gydag arfwisgoedd cryf a llawer o arfau, gallen nhw **ymosod yn sydyn** ac ymladd yn chwyrn.

Weithiau roedden nhw'n taflu bwyeill a gwaywffyn miniog at eu gelynion.

Roedd cleddyfau'r Llychlynwyr yn gryf iawn, â dwy ochr finiog.

Duwiau Llychlyn

Roedd y Llychlynwyr yn credu mewn duwiau arbennig, gan gynnwys **Odin**, duw rhyfel, **Freyja**, duwies cariad, a **Thor**, duw'r daran.

Mae llawer o bobl yn meddwl bod cyrn ar helmedau'r Llychlynwyr, ond doedd hynny ddim yn wir! Byddai'n rhy hawdd i'r gelyn daro'r helmedau oddi ar eu pennau!

Roedd tarianau'r Llychlynwyr wedi'u gwneud o bren â chylch haearn yn y canol i warchod y llaw.

Americaniaid
yr hen fyd

O ffermwyr ac adeiladwyr i ymladdwyr a meddylwyr, roedd sawl gwareiddiad gwahanol yn byw yng Nghanolbarth a De America yn yr hen amser.

Sut maen nhw'n debyg?

Er bod y bobloedd hyn yn byw mewn gwahanol fannau ar wahanol adegau, roedd tyfu **india-corn** yn bwysig iawn i'w ffyrdd o fyw. Hefyd roedden nhw'n gwneud temlau a cherfluniau hardd, ac yn addoli llawer o dduwiau.

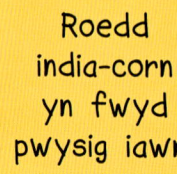

← Llestr patrymog yr Astec

Roedd india-corn yn fwyd pwysig iawn.

Yr Olmec

Mae'r Olmec yn enwog am wneud cerfluniau o bennau mawr. Mae llawer o bobl yn meddwl bod yr Olmec wedi dylanwadu ar ffordd o fyw'r Maia a'r Astec.

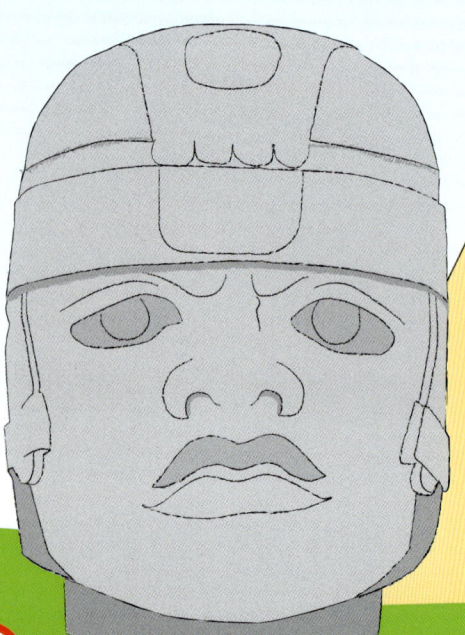

Roedd y Maia'n astudio'r awyr a'r sêr. Fe greon nhw galendr drwy wylio'r planedau.

Y Maia

Roedd y Maia'n un o bobloedd mwyaf datblygedig yr hen amser. Fe ddyfeision nhw ddull o sgrifennu, gan ddefnyddio rhifau, lluniau a llythrennau.

Defnyddid ffa coco i wneud diod o'r enw chocolatl. Roedd yr Asteciaid yn ei hyfed yn oer, a'r Maia'n ei hyfed yn boeth.

Machu Picchu

Ffa coco

Yr Asteciaid

Roedd yr Asteciaid yn ymladdwyr ffyrnig. Fe sefydlon nhw ymerodraeth fawr yn yr ardal lle mae Canolbarth Mecsico heddiw.

Machu Picchu oedd dinas yr Inca yn uchel ym mynyddoedd yr Andes.

Lama aur

Jwg

Yr Inca

Roedd yr Inca, ymerodraeth fwyaf De America, yn gwneud llawer o bethau o aur.

121

Yr Americaniaid
Brodorol

Ymhell cyn i'r Ewropeaid gyrraedd Gogledd America, roedd sawl grŵp o bobl yn byw yno'n barod.

Tipis

Ble oedden nhw'n byw?

Roedd gwahanol bobloedd a chymunedau'n byw ar draws y cyfandir. Roedd y bobloedd Frodorol yn byw'n agos at natur, ac roedd ganddyn nhw gysylltiad pwysig â'r tir lle roedden nhw'n byw.

Roedd pobloedd y Gwastadeddau Mawr yn byw mewn pebyll, o'r enw tipis.

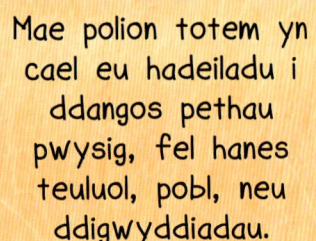

Mae polion totem yn cael eu hadeiladu i ddangos pethau pwysig, fel hanes teuluol, pobl, neu ddigwyddiadau.

Polyn totem

Roedd pobloedd y Cherokee'n credu bod dawns arbennig yn gallu dod â glaw i helpu'r cnydau i dyfu.

Pethau arbennig

Dyfeisiodd y bobloedd Frodorol lawer o bethau, gan gynnwys gweithgareddau fel lacrosse a sledio.

Plu eryr

Tarian ryfel pobl Taos Pueblo oedd hon.

Roedd ymladdwyr pwysicaf rhai llwythau'n gwisgo penwisgoedd rhyfel arbennig.

Tomahôc seremonïol

Math o fwyell oedd y tomahôc, ar gyfer gwaith ac ar gyfer ymladd.

Bison Americanaidd

Roedd y bison Americanaidd yn bwysig iawn i'r bobloedd Frodorol, gan ei fod yn darparu bwyd a deunyddiau.

Ffyrdd o fyw

Heddiw, mae'r bobloedd Frodorol yn dal i gadw'u traddodiadau a siarad eu hieithoedd, er bod eu ffordd o fyw wedi newid ers dyddiau'u hynafiaid.

Roedd india-corn yn gnwd a ffynhonnell fwyd bwysig iawn.

Gwyliau a dathliadau

Hen neu newydd, bach neu fawr, pwysig neu llon, mae **dyddiau gŵyl** yn rhoi cyfle gwych i bobl ddod at ei gilydd a dathlu!

Ionawr

Dydd Calan – diwrnod i ddathlu'r flwyddyn newydd, yn aml â thân gwyllt.

Chwefror

Dydd y Twrlla – yn draddodiadol, mae pobl UDA yn dathlu dyfodiad y gwanwyn ar y dydd hwn.

Twrlla

Mawrth

Ar ŵyl **Hinamatsuri**, mae'r Japaneaid yn arddangos dolïau i ddymuno hapusrwydd ac iechyd i ferched ifanc.

Dol draddodiadol

Gorffennaf

Mae **Gŵyl Fwd** De Corea'n llawn o bethau mwdlyd, gwych!

Awst

Gŵyl draddodiadol o ddawnsio stryd yn Japan yw **Awa Odori**.

Medi

Ar **Ddiwrnod Treftadaeth** mae pobl De Affrica'n cynnal gwleddau i ddathlu'u diwylliant.

124

Diwali

Yn ystod Diwali, gŵyl y **goleuni**, mae pobl yn gweddïo am lwc.

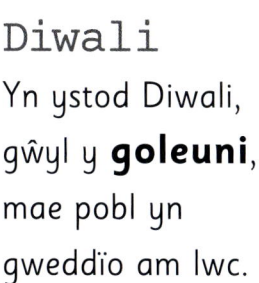

Blwyddyn Newydd y Lleuad

Gŵyl bwysig, yn Asia, i ofyn am lwc dda.

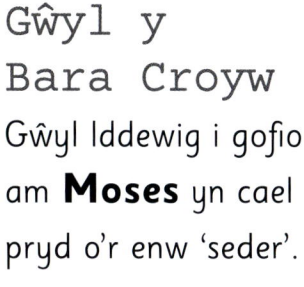

Gŵyl y Bara Croyw

Gŵyl Iddewig i gofio am **Moses** yn cael pryd o'r enw 'seder'.

Eid al-Fitr

Gŵyl sy'n nodi diwedd **Ramadan**, mis sanctaidd y Mwslemiaid.

Ebrill

Songkran yw dathliad Blwyddyn Newydd pobl yn Ne-ddwyrain Asia. Maen nhw'n cael brwydrau dŵr!

Mai

Ar **Cinco de Mayo** mae'r Mecsicaniaid yn cofio am fuddugoliaeth arbennig drwy orymdeithio, dawnsio a gwledda.

Mehefin

Mae pobl yr Andes yn cynnal **Inti Raymi**, Gŵyl Haul yr Inca, ar ddiwrnod byrraf y flwyddyn.

Hydref

Ar **Nos Galan Gaeaf** mae plant yn gwisgo fel bwganod ac yn bwyta losin.

Tachwedd

Mae **Dia de los Muertos** yn ŵyl i gofio'r meirw â bwyd ac addurniadau.

Rhagfyr

Gŵyl Gristnogol yw'r **Nadolig**, sy'n dathlu genedigaeth Iesu.

Anturiaethwyr!

Dros y canrifoedd, mae llawer o **deithwyr** wedi mentro ar draws y byd, gan gyfnewid gwybodaeth, dyfeisiau a bwydydd gwahanol.

Cafodd bwydydd pwysig, fel INDIA-CORN, tatws, tomatos, a chasafa, eu gyrru ar draws y byd o wledydd America.

Christopher Columbus

Roedd Columbus yn chwilio am ffordd gyflymach i deithio o Ewrop i Asia, ond glaniodd yn yr **Americas**!

Gertrude Bell

Fe ddysges i wyth iaith er mwyn medru siarad â phobl ar fy nhaith.

Astudiodd Gertrude Bell hanes a diwylliannau'r **Dwyrain Canol**. Roedd hi hefyd yn sbiwraig dros Brydain yn y Rhyfel Byd Cyntaf!

Marco Polo

Treuliodd Marco Polo 24 o flynyddoedd yn teithio o gwmpas **Asia**. Daeth yn ôl i Ewrop a sôn am ddyfeisiau'r Chineaid.

Ibn Battuta

Sgrifennodd Battuta **lyfr** am ei fywyd yn teithio o gwmpas Affrica, Asia a'r Dwyrain Canol.

Zheng He

Arweiniodd Zheng He o China dros 300 o longau ar **saith taith** i archwilio Asia ac Affrica.

127

Dyfeiswyr dawnus

Dyma rai o'r bobl **glyfar iawn** sy wedi newid ein byd gyda'u syniadau gwych.

Gwasg argraffu

Papur

Rhaglen gyfrifiadur

Cyn i **Cai Lun** ddyfeisio **papur**, roedd pobl yn gorfod sgrifennu a thynnu lluniau ar waliau ogofâu, ar sidan, neu ar asgwrn hyd yn oed!

Malodd Cai Lun blanhigion i wneud papur.

Heb **Johannes Gutenberg**, fyddet ti ddim yn darllen y llyfr hwn! Mae ei **wasg argraffu** wedi caniatáu i ni rannu syniadau a storïau.

Ada Lovelace a sgrifennodd y rhaglen gyntaf ar gyfer cyfrifiaduron cynnar. Hefyd, ysgogodd bobl i feddwl am yr holl bethau cymhleth y gallai cyfrifiaduron eu gwneud.

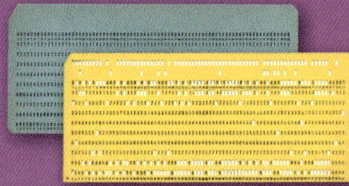

Awgrymodd Lovelace ddefnyddio cardiau tyllog i fewnbynnu data i gyfrifiadur.

Y We Fyd-eang

Bwlb golau

Rhith 3D

Syniad mwyaf disglair **Thomas Edison** oedd **bwlb golau** newydd a gwell. Heb ei ddyfeisiau, falle byddet ti'n darllen y llyfr hwn yng ngolau cannwyll!

Dyfeisiodd Edison filoedd o bethau yn ystod ei fywyd.

Creodd **Tim Berners-Lee** gynllun gwych i alluogi cyfrifiaduron ar draws y byd i siarad â'i gilydd. Enw'r ddyfais yw **Y We Fyd-eang**.

Diolch i **Valerie Thomas**, gallwn ni i gyd fwynhau graffeg 3D. Dyfeisiodd ffordd o **drosglwyddo delweddau tri dimensiwn** a'u gwneud i edrych yn real.

129

Gwyddonwyr gwych

Mae gwyddonwyr yn ein helpu i ddeall ein byd. Fydden ni ddim yn deall **hanner cymaint**, oni bai am y bobl glyfar hyn!

Sero

Planedau

Gwella'r pridd

Mathemategydd a seryddwr oedd **Aryabhatta**. Mae'n enwog am gyflwyno'r **cysyniad o sero**.

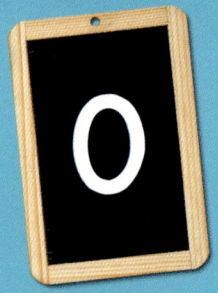

Dyfeisiodd **Galileo Galilei delisgop** newydd a chofnodi llawer o sylwadau ar Gysawd yr Haul.

Galileo oedd y cyntaf i sylwi bod lleuadau gan Iau!

Gwyddonydd amaethyddol oedd **George Washington Carver**. Drwy ei ymchwil gwyddonol, datblygodd ffyrdd o wella **pridd** a thyfu cnydau.

Darganfu Galileo lawer iawn am y Bydysawd.

$$E = mc^2$$

Ymbelydredd

Egni

Gofod

Arbrofodd **Marie Curie** ar **ymbelydredd**. Roedd hi mor glyfar, fe enillodd Wobr Nobel i wyddonwyr DDWYWAITH!

Mae **Albert Einstein** yn enwog am ei waith gwyddonol a'i theorïau, gan gynnwys hafaliad sy'n cael ei ddefnyddio i gyfrifo **egni**.

Mae gwyddonwyr wedi astudio ymennydd Einstein i ddarganfod pam oedd e mor glyfar.

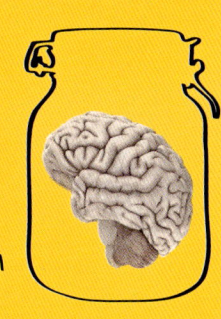

Drwy ei gwybodaeth ryfeddol o rifau a chyfrifiaduron, helpodd **Katherine Johnson** NASA i gyflawni sawl taith lwyddiannus i'r gofod, gan gynnwys Apollo 11.

Teithio ar **dir**

Wyt ti wedi sylwi faint o wahanol gerbydau sy ar yr hewl? Llawer iawn!

Ceir cŵl

Rwyt ti'n gallu teithio'n gyflym ac yn bell mewn car, a rasio hefyd.

Car

Beic

Ar yr hewl

Gyda help cerbydau, gallwn symud pobl a phethau o un man i'r llall yn **llawer cyflymach** na thrwy gerdded. Wyt ti wedi gweld y cerbydau hyn?

Mae ffermwyr yn defnyddio tractor i'w helpu ar y fferm.

Tractor

Beic modur

Trên

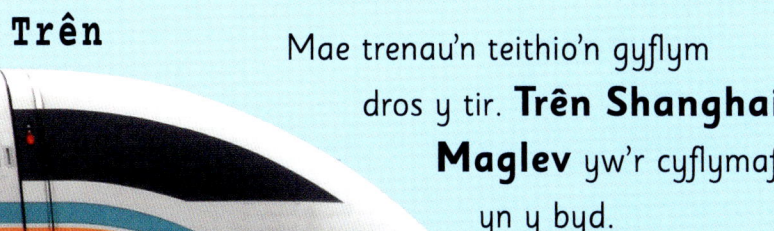

Mae trenau'n teithio'n gyflym dros y tir. **Trên Shanghai Maglev** yw'r cyflymaf yn y byd.

Carafán

Tryc

Tacsi

Mae tacsi'n mynd â ni i ble bynnag rydyn ni am fynd.

Lorri

Mae tacsis **EFROG NEWYDD** yn felyn.

Dadlwythwr

Injan dân

Mae cerbydau argyfwng yn gwneud sŵn uchel i rybuddio gyrwyr eraill.

I'r môr

133

Teithio ar **ddŵr**

Mae ein byd yn llawn o ddŵr – o foroedd ac afonydd i gamlesi a llynnoedd. Mae **cychod** yn caniatáu i ni deithio drostyn nhw.

Llong bleser

Dros y tonnau

Mae cychod yn symud dros y dŵr mewn gwahanol ffyrdd. Injan sy'n gyrru'r rhan fwyaf, ond mae rhai'n dibynnu ar y **gwynt**.

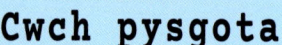

Cwch pysgota

Mae llong bleser fel gwesty mawr. Ar fwrdd y llong mae caffis, pyllau nofio, a chyrtiau tennis hyd yn oed!

Cwch rhwyfo

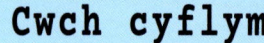

Cwch cyflym

Mae cynwyslongau'n cario pethau **TRWM** dros y môr.

Cynhwyslong

Mae cychod yn well nag awyrennau am gario pethau trwm, am eu bod yn fwy ac yn gryfach.

Cwch hwyliau

Mae'r cychod hyn yn symud pan fydd gwynt cryf yn chwythu'r hwyliau.

Jet-sgi

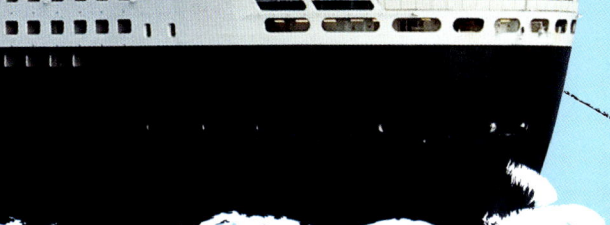

Tynfad

Mae tynfadau bach yn ddigon cryf i dynnu llongau llawer **MWY**.

Hofranlong

Jync

Mae clustog mawr gan hofranlong sy'n ei galluogi i deithio dros ddŵr a thir.

Teithio drwy'r **awyr**

Lan â ni i'r awyr. Ai aderyn mawr sy draw fan'na?

Na, **awyren** yn hedfan yn uchel a chyflym.

Ble mae hi'n mynd, tybed?

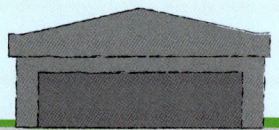

Gleider
PH-308

Jymbo jet

Caban peilot

Awyren ddwy adain

Dyma awyren hynafol, ond mae dal modd i'w hedfan heddiw.

Olwynion glanio

Grisiau

Teithio'n gyflym

Hedfan mewn awyren yw'r ffordd gyflymaf o deithio ar draws y byd. Cyn dyfeisio'r awyren, roedd pobl yn gorfod dibynnu ar gychod, sy'n arafach.

Propelor

Awyren ysgafn

G-AYFC

Peilotiaid clyfar

Peilot yw enw'r person sy'n gyrru awyren. Mae angen sgiliau arbennig a llawer o ymarfer!

Balŵn aer poeth

Cynffon →

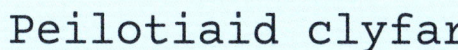

Adain

↳ Injan

Tryc bagiau

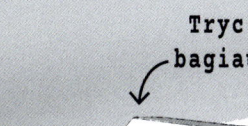

Hofrennydd

Mae'r awyrennau hyn yn ymladd â'i gilydd yn yr awyr.

Jet ymladd

Mae jetiau ymladd yn gallu hedfan yn gyflymach na sain!

137

Tyrau tal, tal

Mae adeiladau modern yn codi'n uchel iawn, nes bron â diflannu i'r cymylau. **Cwmwlgrafwyr** yw eu henw, felly!

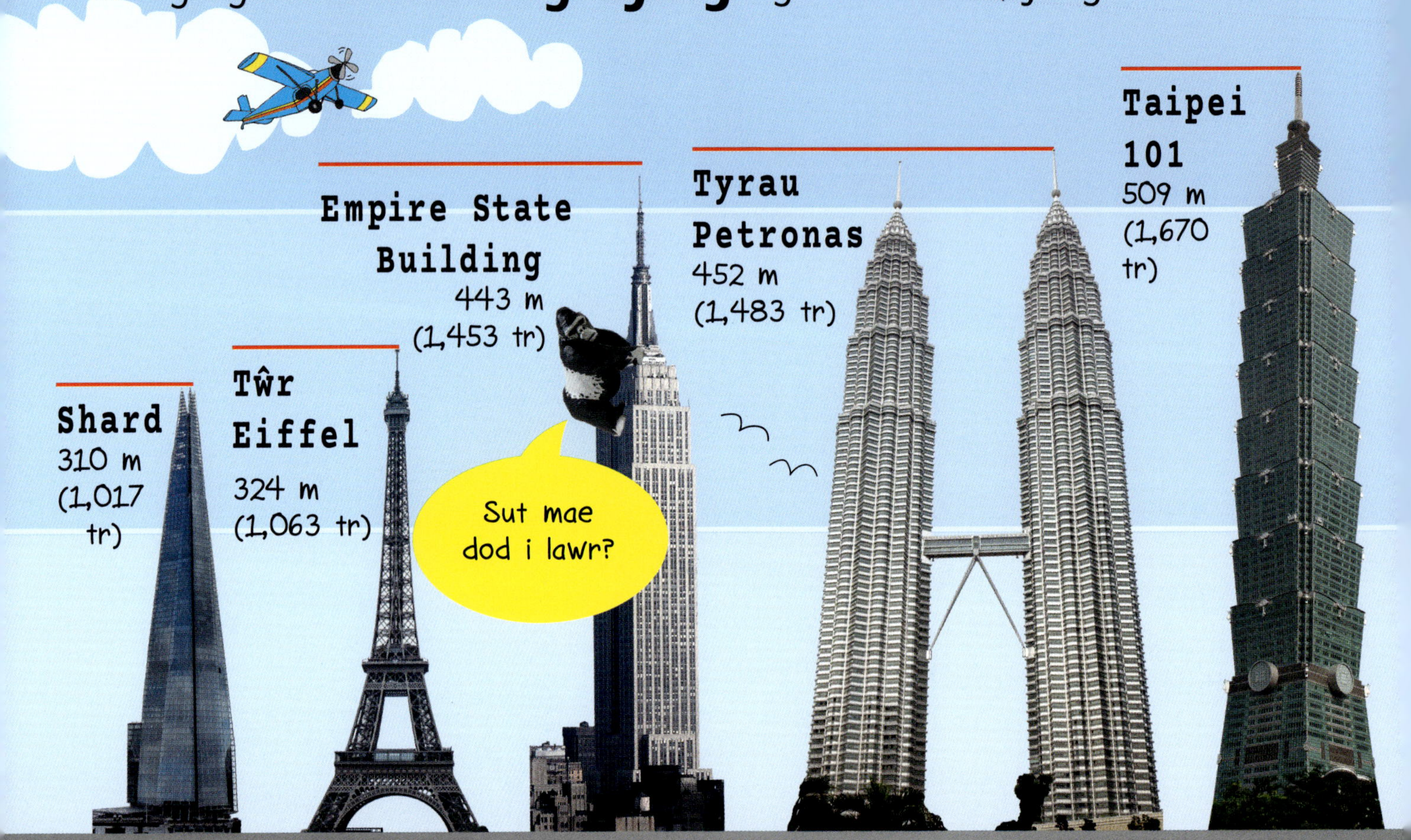

Taipei 101
509 m
(1,670 tr)

Empire State Building
443 m
(1,453 tr)

Tyrau Petronas
452 m
(1,483 tr)

Tŵr Eiffel
324 m
(1,063 tr)

Shard
310 m
(1,017 tr)

Sut mae dod i lawr?

Mae penseiri clyfar yn dal

Lleoedd anhygoel

Does dim rhaid bod yn dal i fod yn enwog. Dyma adeiladau adnabyddus o wahanol rannau o'r byd.

Angkor Wat

Tŵr Cam Pisa
Mae e'n gam am ei fod yn rhy drwm i'r ddaear feddal oddi tano.

Adeiladwyr arbennig

Penseiri yw enw'r bobl sy'n cynllunio adeiladau. Mae'n golygu llawer o waith manwl a chaled.

Burj Khalifa
828 m
(2,716 tr)

Tŵr Shanghai
632 m
(2,073 tr)

Coeden-awyr Tokyo
634 m
(2,080 tr)

Tŵr Byd Lotte
555 m
(1,821 tr)

Burj Khalifa yw'r adeilad talaf yn y byd er pan agorwyd e yn 2010.

i gynllunio adeiladau mwy fyth!

Taj Mahal
Bedd gwraig ymerawdwr yw'r gofeb hardd hon yn India.

Y Ddinas Waharddedig

Plas i ymerawdwyr China am gannoedd o flynyddoedd.

Dwi eisiau bod yn **ofodwr!**

Wyt ti'n ddigon mentrus i hedfan i'r gofod?

Cydia'n dynn! **3...2...1...**

LAN Â NI!

Anifeiliaid oedd y cyntaf i deithio i'r gofod.

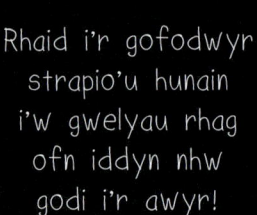

Rhaid i'r gofodwyr strapio'u hunain i'w gwelyau rhag ofn iddyn nhw godi i'r awyr!

Byw yn y gofod

Mae'n **anodd** bod yn ofodwr! Mae bywyd yn y gofod mor wahanol i fywyd ar y Ddaear. Er enghraifft:

- Mae gwyddonwyr ar y Ddaear yn paratoi bwyd sy'n para am hir.

- Mae'r toiledau'n wahanol i'r rhai sy ar y Ddaear. Maen nhw'n gweithio yn debyg i sugnwr llwch!

- Does dim 'dydd' na 'nos' yn y gofod, felly rhaid cael amserlen gysgu a chadw ati'n ofalus.

Mae hyd yn oed gofodwyr prysur yn cael amser i fwynhau.

140

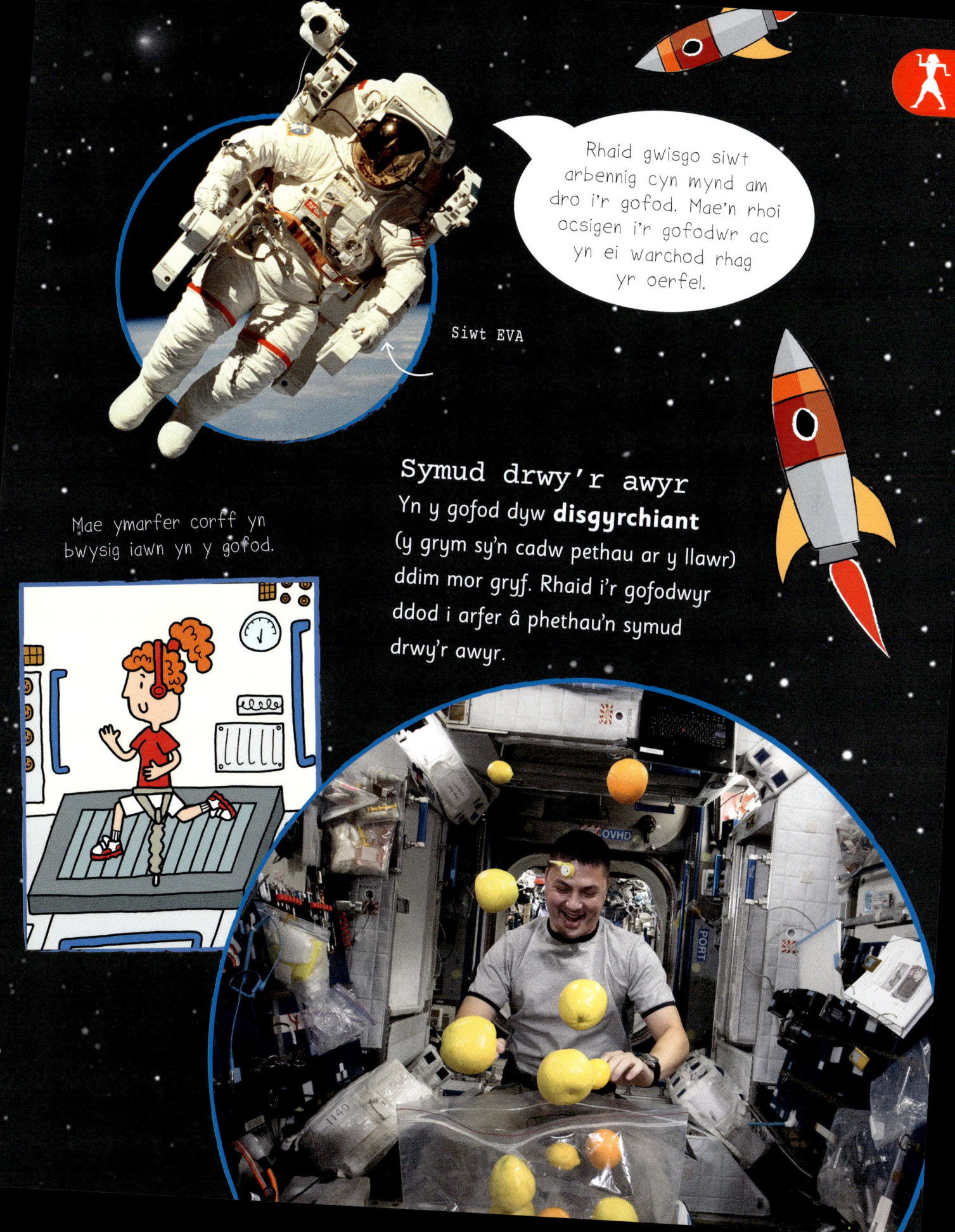

Rhaid gwisgo siwt arbennig cyn mynd am dro i'r gofod. Mae'n rhoi ocsigen i'r gofodwr ac yn ei warchod rhag yr oerfel.

Siwt EVA

Mae ymarfer corff yn bwysig iawn yn y gofod.

Symud drwy'r awyr

Yn y gofod dyw **disgyrchiant** (y grym sy'n cadw pethau ar y llawr) ddim mor gryf. Rhaid i'r gofodwyr ddod i arfer â phethau'n symud drwy'r awyr.

Hedfan i'r **Lleuad**

Tri gofodwr dewr oedd y bobl gyntaf **i lanio ar y Lleuad**, yn y flwyddyn 1969. Enw'r daith bwysig hon oedd **Apollo 11**.

Tri Americanwr o'r enw Neil Armstrong, Buzz Aldrin, a Michael Collins oedd y dynion lwcus gafodd eu dewis i fynd ar y daith.

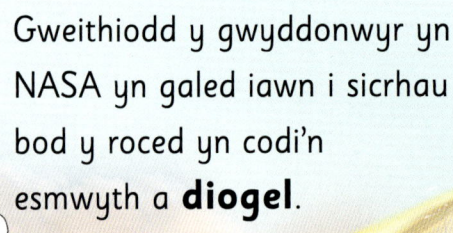

Gweithiodd y gwyddonwyr yn NASA yn galed iawn i sicrhau bod y roced yn codi'n esmwyth a **diogel**.

Cododd y roced o le o'r enw Cape Kennedy, UDA, ym mis Gorffennaf 1969.

Cymerodd dros dri diwrnod i gyrraedd y Lleuad.

Wrth i'r llong ofod deithio drwy'r gwagle tuag at y Lleuad, roedd y gofodwyr yn brysur yn gwneud arbrofion ac yn **gyrru negeseuon** i'r gwyddonwyr ar y Ddaear.

"UN CAM BACH i ddyn; un NAID ENFAWR i ddynolryw."

O'r diwedd fe gyrhaeddon nhw'r Lleuad! Glaniodd dau o'r gofodwyr, Armstrong ac Aldrin, ar yr wyneb mewn cerbyd bach o'r enw 'Yr Eryr'. Aeth Armstrong i lawr yr ysgol a cherdded ar wyneb y Lleuad.

Yn y cyfamser... roedd dros 500 MILIWN o bobl ar draws y byd yn gwylio'r glaniad ar y teledu.

Pethau pwysig iawn

amdana i

Rwyt ti'n defnyddio **mwy** na dy lygaid i ddarllen y llyfr hwn. Mae dy ymennydd yn gweithio'n galed i dy helpu i weld y geiriau a gwneud synnwyr ohonyn nhw. Mae dy gorff yn **beiriant** rhyfeddol, ac mae'r rhan hon i gyd yn sôn amdanat **TI** a'r pethau pwysig yn dy fywyd.

Y corff dynol

Mae dy gorff yn beiriant rhyfeddol!
Ynddo mae llawer o bethau'n cydweithio.

Sgerbwd
Mae dy sgerbwd wedi'i wneud o **esgyrn**. Dyna sy'n rhoi siâp i dy gorff.

Organau
Mae gan bob organ **waith arbennig** i'w wneud yn dy gorff.

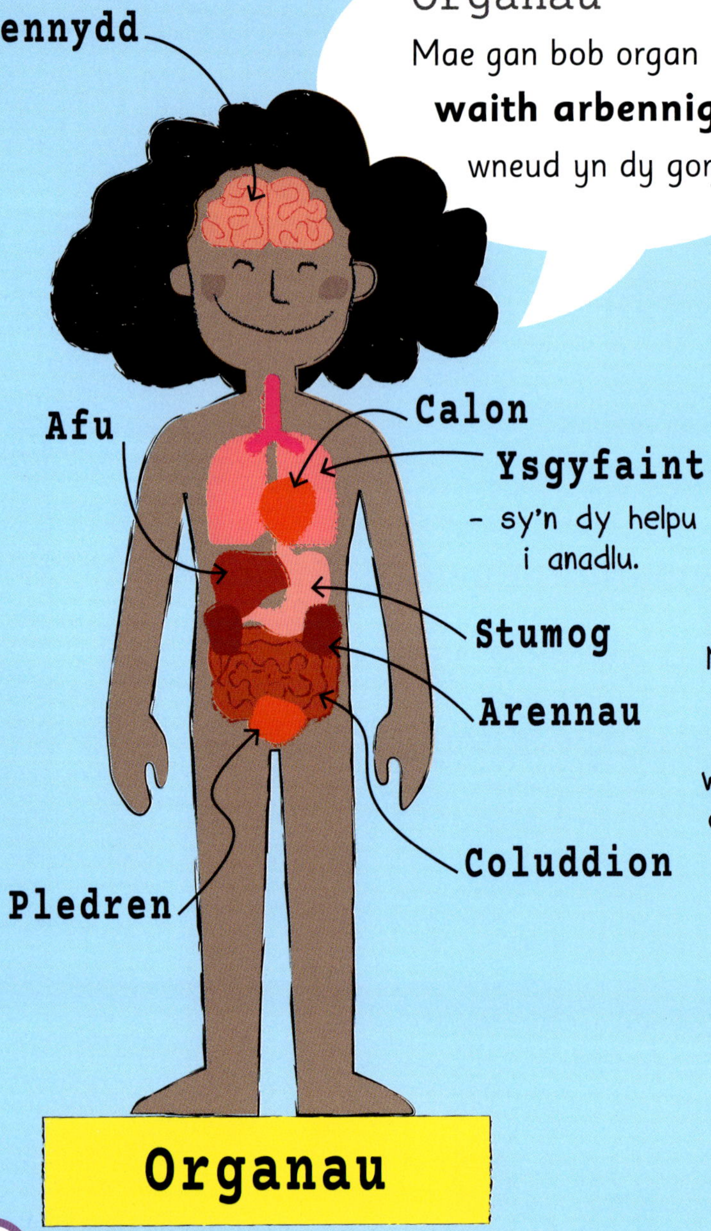

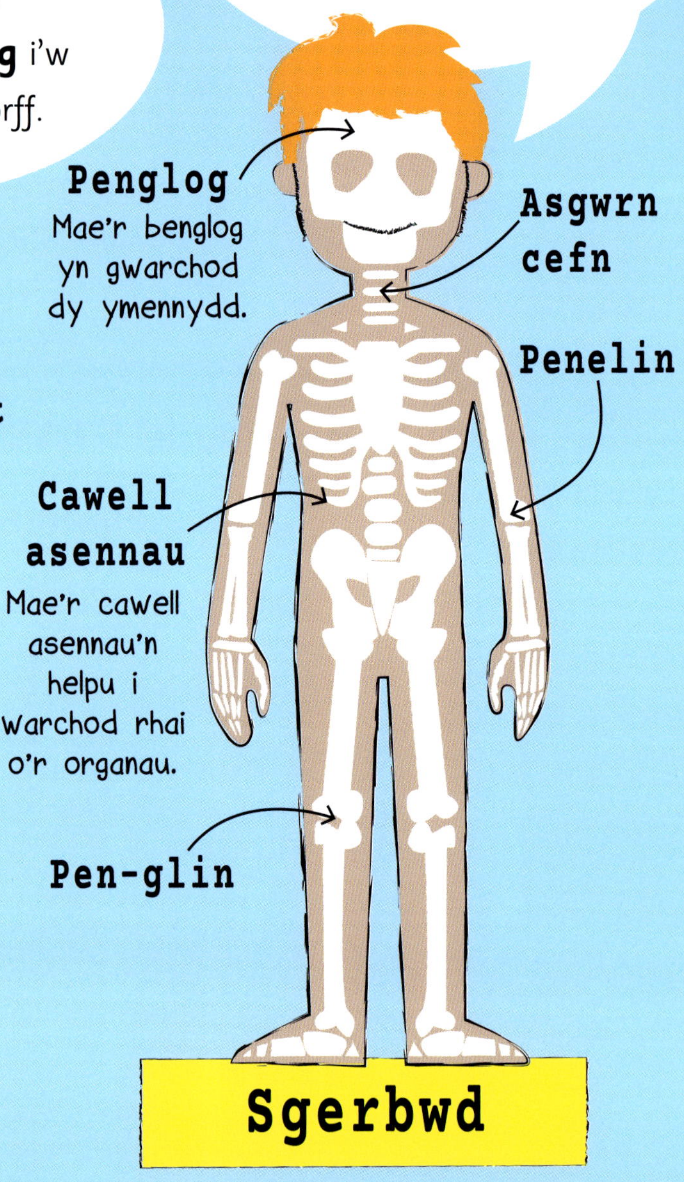

Ymennydd

Afu

Calon

Ysgyfaint
- sy'n dy helpu i anadlu.

Stumog

Arennau

Coluddion

Pledren

Penglog
Mae'r benglog yn gwarchod dy ymennydd.

Asgwrn cefn

Penelin

Cawell asennau
Mae'r cawell asennau'n helpu i warchod rhai o'r organau.

Pen-glin

Organau

Sgerbwd

Cyhyrau
Y cyhyrau sy'n dy alluogi i **symud** – i redeg, neidio, gwenu, codi pethau, a llawer mwy!

Croen
Mae dy groen wedi'i lapio am dy gorff i'w gadw'n **ddiogel**. Y croen yw organ mwyaf y corff.

Cyhyrau
Rwyt ti'n rheoli rhai cyhyrau, ond mae'r lleill yn gweithio ar eu pennau'u hunain.

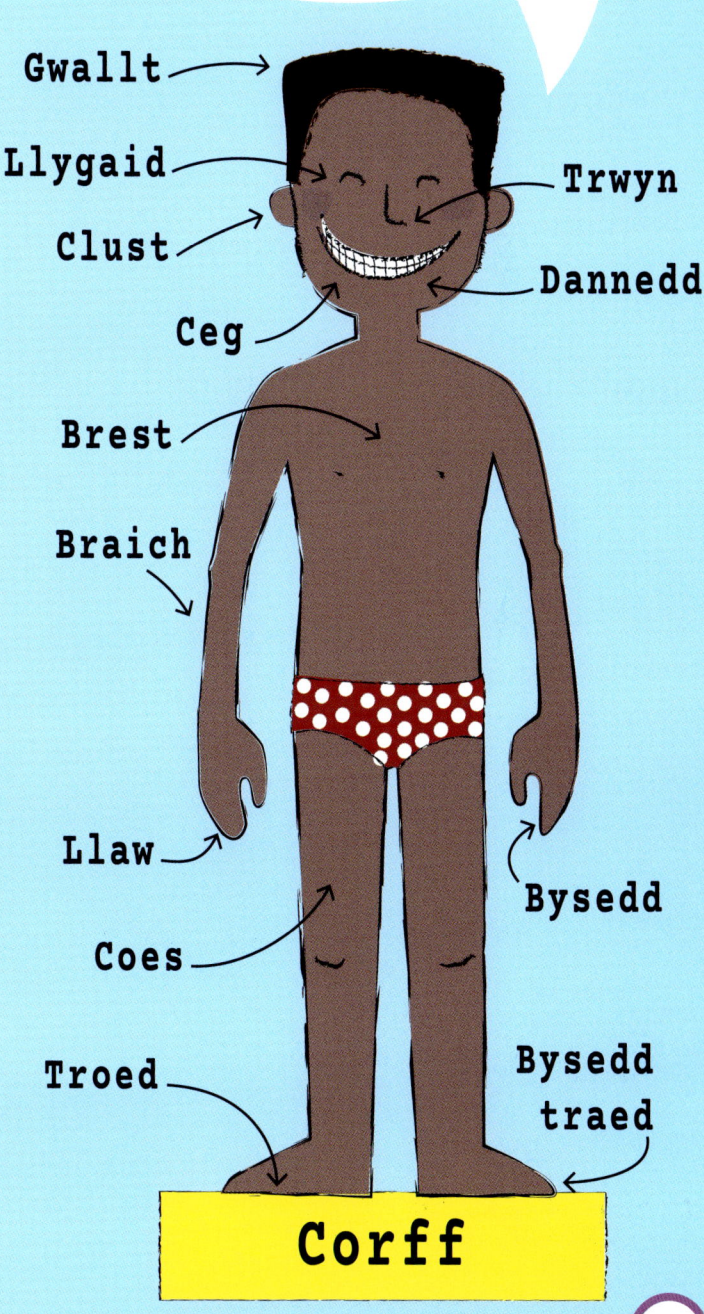

Gwallt

Llygaid

Clust

Ceg

Brest

Braich

Trwyn

Dannedd

Llaw

Coes

Troed

Bysedd

Bysedd traed

Cyhyrau

Corff

Fy ngwaed

I fyw, rhaid i bawb gael ocsigen.

Rwyt ti'n cael ocsigen drwy anadlu.

Mae'r gwaed yn ei **gario** o gwmpas dy gorff.

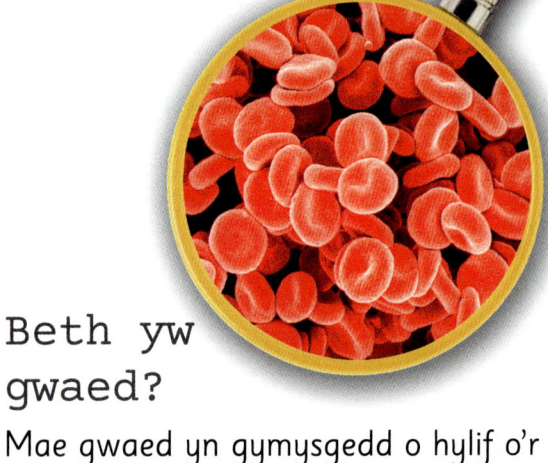

Beth yw gwaed?

Mae gwaed yn gymysgedd o hylif o'r enw plasma a llawer iawn o bethau pitw bach o'r enw celloedd.

Mae gwaed yn teithio'n gyflym drwy diwbiau o'r enw pibellau gwaed.

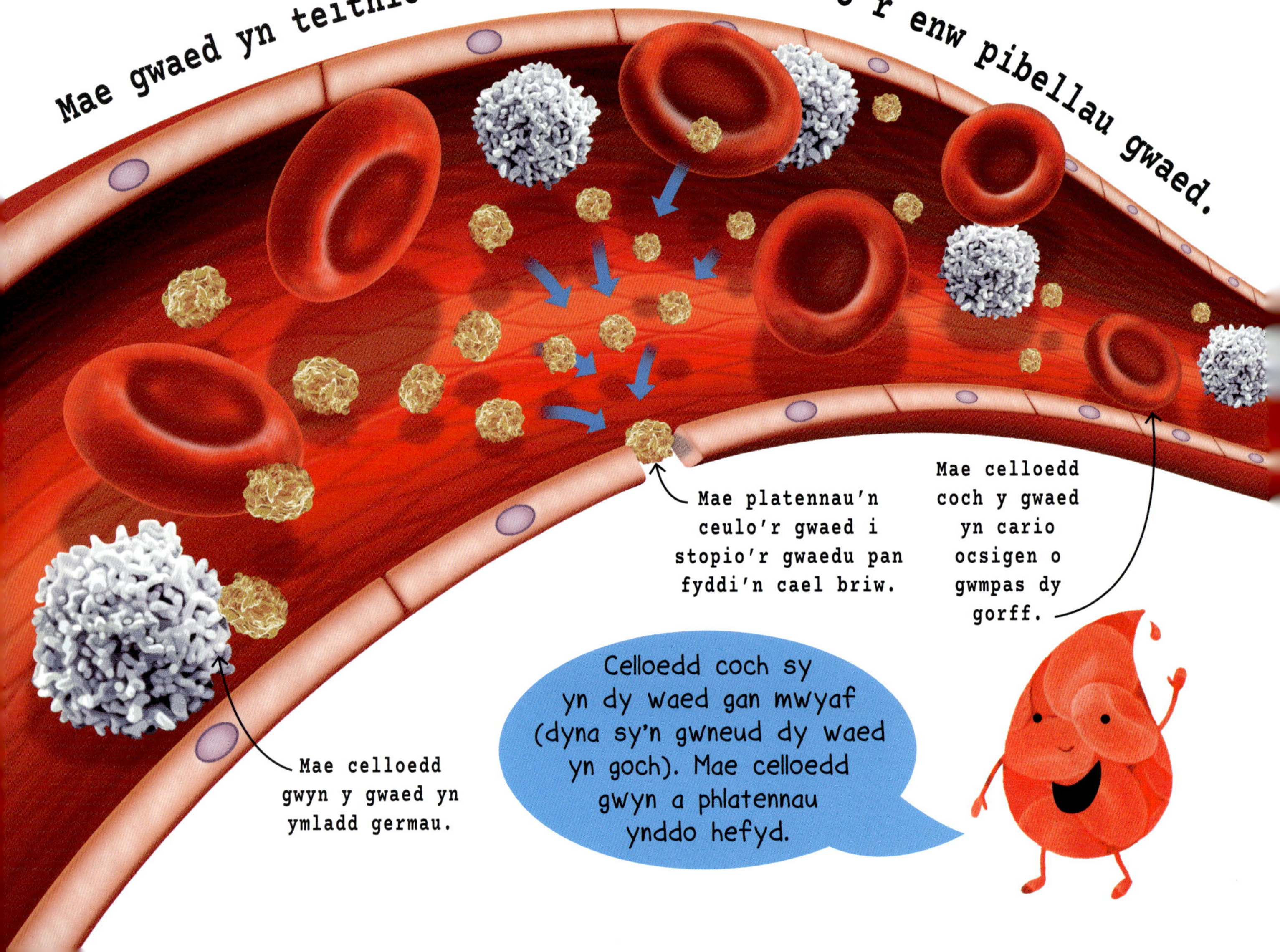

Mae platennau'n ceulo'r gwaed i stopio'r gwaedu pan fyddi'n cael briw.

Mae celloedd coch y gwaed yn cario ocsigen o gwmpas dy gorff.

Mae celloedd gwyn y gwaed yn ymladd germau.

Celloedd coch sy yn dy waed gan mwyaf (dyna sy'n gwneud dy waed yn goch). Mae celloedd gwyn a phlatennau ynddo hefyd.

Mae dy **GALON** yn pwmpio gwaed o gwmpas dy gorff, i dop dy **BEN** ac i flaenau **BYSEDD** DY **DRAED**.

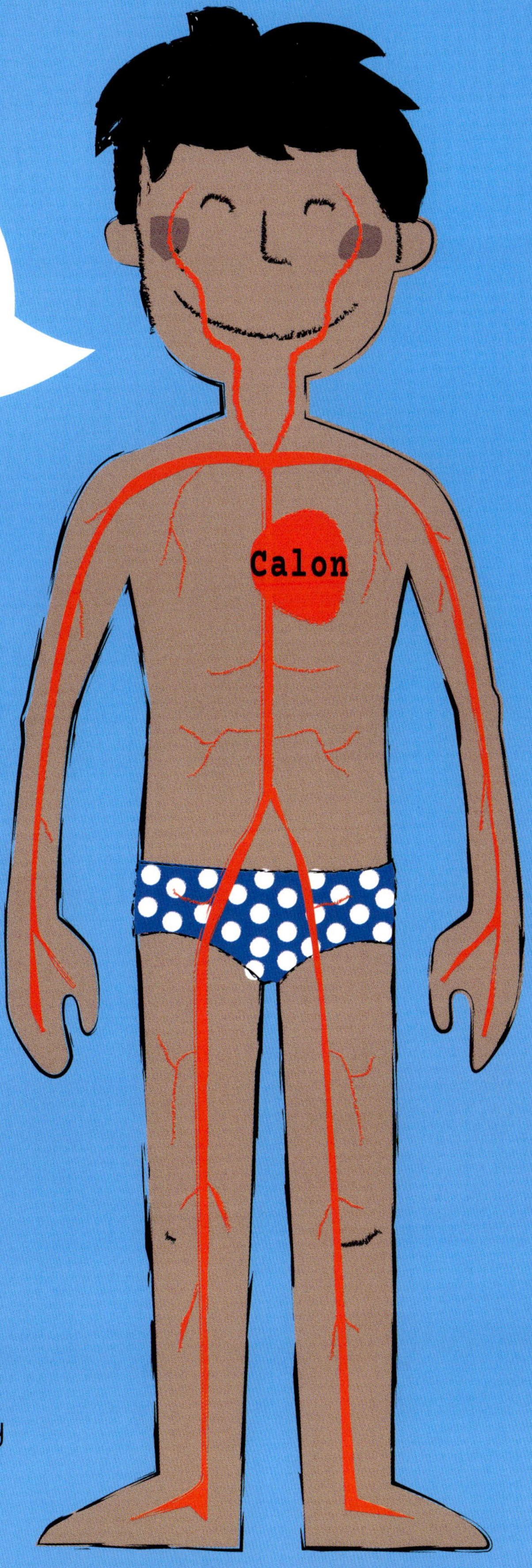

Calon

Mae cell waed yn teithio o gwmpas dy gorff mewn 60 eiliad!

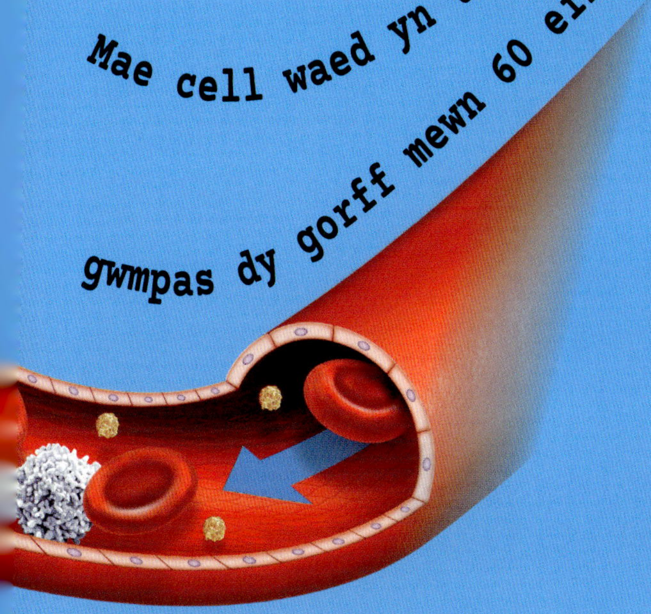

Glanhau gwych

Yn ogystal â chario ocsigen a phethau pwysig eraill o gwmpas dy gorff, mae gwaed yn helpu dy gorff i gael gwared o wastraff, sef y pethau diangen.

149

Synnwyr syfrdanol

Weithiau mae'r byd yn ddryslyd iawn!

Ond mae'r pum prif **synnwyr** yn gweithio gyda'n hymennydd i'n helpu i ddeall ac i ymateb i'n byd.

Cyffwrdd

Arogli

Gweld

Clywed

Blasu

Rwyt ti'n gallu **cyffwrdd** a theimlo pethau drwy ddefnyddio dy ddwylo (neu unrhyw ran o dy gorff).

Mae plu'n teimlo'n feddal, ond mae cactws yn teimlo'n bigog iawn.

Mae dy drwyn yn synhwyro **aroglau** (rhai braf a rhai cas!) Heb arogl, fyddet ti ddim yn gallu blasu llawer chwaith.

Mae dy ddwy lygad yn cydweithio er mwyn i ti allu **gweld** y byd o'th flaen a symud o gwmpas.

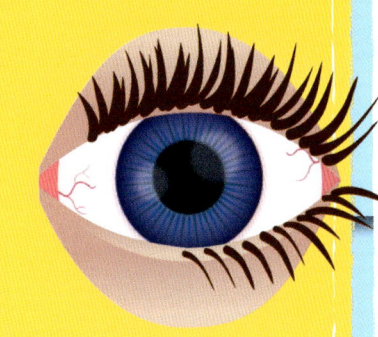

Pan fyddwn ni'n llwglyd, neu'n sychedig, neu'n cosi, mae'n bosib ein bod yn defnyddio **synhwyrau eraill**. Dyma ragor:

Mae poen yn beth diflas, ond dyna sut mae dy gorff yn rhoi gwybod i ti bod rhywbeth o'i le.

Shh! Mae dy glustiau'n dy helpu i **glywed** pethau ac yn gwrando drwy'r amser, hyd yn oed pan wyt ti'n cysgu!

Mae asgwrn lleiaf dy gorff yn y glust.

Mae blasbwyntiau pitw bach ar dy dafod sy'n dy helpu i **flasu** bwyd.

Hallt

Melys

Sur

Cydbwysedd yw'r synnwyr sy'n ein cadw ar ein traed ac yn ein rhwystro rhag syrthio.

Wyt ti wedi sylwi dy fod yn gallu teimlo bod rhywbeth yn oer neu'n boeth heb i ti gyffwrdd ag e?

Mae dy ymennydd yn defnyddio mwy o **EGNI** nag unrhyw ran arall o'r corff.

Rhannu gwaith
Am fod gan yr ymennydd **GYMAINT** i'w wneud, mae'r rhannau i gyd yn cydweithio, hyd yn oed pan wyt ti'n cysgu.

Amser **cysgu**

Wedi **blino**? Dy lygaid fel plwm?

Does dim yn **well** na chysgu'n drwm.

Faint o gwsg sy angen arnon ni?

Er bod babanod yn cysgu LLAWER IAWN, maen nhw'n deffro'n rheolaidd.

**Babanod
Drwy'r amser, bron!**

Mae bron pawb yn breuddwydio yn eu cwsg, ond

Anifeiliaid cysglyd

Mae gan lawer o anifeiliaid arferion cysgu rhyfeddol neu ddifyr.

Mae mamal fel y **draenog** yn gaeafu, hynny yw, yn cysgu drwy'r gaeaf.

Mae'r **wennol ddu** chwim yn cysgu wrth hedfan!

chchchchch

Pam mae angen cwsg?

Mae cysgu'n helpu'r corff i wella, tyfu a chadw'n iach. Mae hefyd yn rhoi egni i'n cadw i fynd drwy'r dydd.

Mae gorffwys a mynd i'r gwely'n drefnus yn bwysig i blentyn sy'n tyfu.

Mae angen llawer o egni ar yr arddegau wrth iddyn nhw dyfu'n oedolion.

Wrth fynd yn hŷn, mae angen llai o gwsg.

Plant
10-12 awr

Yr arddegau
8-10 awr

Oedolion
6-8 awr

dydyn ni ddim bob amser yn cofio'n breuddwydion.

Mae'r **coala** yn hoff iawn o gysgu – am tua 18 awr y dydd.

chchchchch

Does dim angen llawer o gwsg ar **jiráff**. Fel arfer mae'n cysgu ar ei draed!

Bwyd blasus

Mae bwyd yn gwneud i ni deimlo'n llawn, yn hapus ac iach (os yw e'n fwyd da!) Dere i lowcio, cnoi a chrensian.

Mae pinafal yn felys ac yn llawn sudd.

Pasta

Mae llawer o siapiau diddorol o basta.

Pys

Pinafal

Ffrwythau

Mae ffrwythau'n cŵl! Maen nhw'n **arwyr** ac yn llawn o bethau da i dy gadw'n iach.

Llysiau

Gwna dy orau i fwyta **llysiau** bob lliw. Maen nhw'n fwyd blasus ac iach.

Carbau

Pasta, reis, tatws a bara yw'r bwydydd sy'n rhoi digon o **egni** i ti allu rhedeg a chwarae.

Carbohydradau yw enw llawn y 'carbau'.

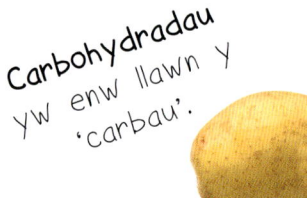

Mae **BILIWN** o bobl ar draws y byd yn bwyta **TRYCHFILOD**.

Mae wyau'n helpu i wneud dy gyhyrau'n gryf.

Mae llaeth yn llawn o galsiwm, sy'n dda iawn i ti.

Llaeth/ Llefrith

Wy

Cacen

Protein

Mae bwydydd sy'n llawn protein, fel ffa, cnau, wyau, a chig, yn helpu dy gorff i **drwsio**'i hun ac yn dy helpu i dyfu.

Cynnyrch llaeth

Y ffordd orau i gadw dy ddannedd a'th esgyrn yn iach yw drwy fwyta bwydydd wedi'u gwneud o **laeth**.

Mae caws, menyn ac iogwrt wedi'u gwneud o laeth.

Losin

Gall bwyta gormod o fwydydd llawn braster a siwgr fod yn afiach. Ond does dim o'i le ar eu mwynhau **weithiau**!

Cyfathrebu amdani!

Mae'n bwysig dweud wrth bobl eraill beth wyt ti'n feddwl a sut wyt ti'n teimlo, felly mae'n braf bod sawl ffordd o gyfathrebu.

Gall chwifio llaw olygu helô neu hwyl fawr.

Rydyn ni'n siarad ac yn meddwl mewn iaith (mae dros 6,000 yn y byd). Gall rhai pobl siarad sawl iaith.

Mae siarad yn un ffordd o gyfathrebu â'n gilydd.

Does dim angen geiriau bob amser. Yn aml iawn gall pobl ddeall sut hwyl sy arnat ti drwy edrych ar dy wyneb.

Weithiau rwyt ti'n gwybod sut mae person yn teimlo drwy weld sut mae'n ymddwyn a sylwi ar iaith ei gorff.

Mae rhai pobl yn cyfathrebu drwy wneud arwyddion â'u dwylo. Mae hynny'n help mawr, os wyt ti'n methu clywed yn dda.

Siwpyr-sgrifen

Mae darllen a sgrifennu'n ddull arall o gyfathrebu. Gan fod ieithoedd yn gallu defnyddio gwyddorau neu lythrennau gwahanol, dydyn nhw ddim bob amser yn edrych yn debyg.

Dweud "HELÔ" mewn sawl iaith.

Helô
Cymraeg

नमस्ते
Hindi

السلام عليكم
Arabeg, Perseg ac Urdu

你好
Mandarin

Braille ar y blaen

Iaith ysgrifenedig yw braille sy'n defnyddio dotiau lympiog yn lle llythrennau. Mae'n helpu pobl sy'n methu gweld yn dda i ddarllen â'u bysedd.

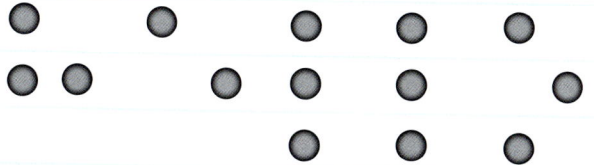

Helô yn braille

Emoji!

Mewn negeseuon digidol, rydyn ni'n gallu dangos ein teimladau drwy eiconau a lluniau yn ogystal â geiriau.

Caru cerddoriaeth

Mae sawl gwahanol fath o **gerddoriaeth**, a sawl ffordd o'i **mwynhau** hefyd!

Mae yna lawer iawn o offerynnau, ond rhaid **ymarfer am hir** cyn eu chwarae'n dda.

Mae'r **llais** a'r **geg** yn offerynnau rhyfeddol. Gallwn eu defnyddio i ganu, hymian, neu chwibanu.

Yn aml mae'r gerddoriaeth ar bapur, er mwyn i ti ddilyn y nodau.

Canu

Chwarae

Offerynnau diddorol

Mae'n hawdd dysgu sut i chwarae'r triongl, ond mae'n anodd ei chwarae'n dda!

Maen nhw'n chwarae'r bagbib yn yr Alban. Mae'n gwneud sŵn MAWR!

Sŵn tyner sy gan y delyn, er ei bod hi mor fawr.

Mae'r Chineaid wedi chwarae'r pipa ers dros 2,000 o flynyddoedd.

Gall gwrando ar gerddoriaeth **effeithio** arnat ti mewn sawl ffordd. Gall wneud i ti deimlo'n fwy tawel, neu'n hapus, neu dy helpu i ganolbwyntio.

Weithiau mae curiad tiwn yn gwneud i ti deimlo fel **symud** a dawnsio.

Mae pobl yn mwynhau gwahanol fathau o gerddoriaeth.

Mae dawnsio'n hwyl!

Gwrando

Dawnsio

161

Creu **celf**

Peintio, darlunio, tynnu ffotograff neu gerflunio – mae sawl ffordd o greu pethau hardd.

Peintio
Gyda brwsh, paent ac ychydig o ymarfer, gallwn greu lluniau hardd ar gynfas neu bapur.

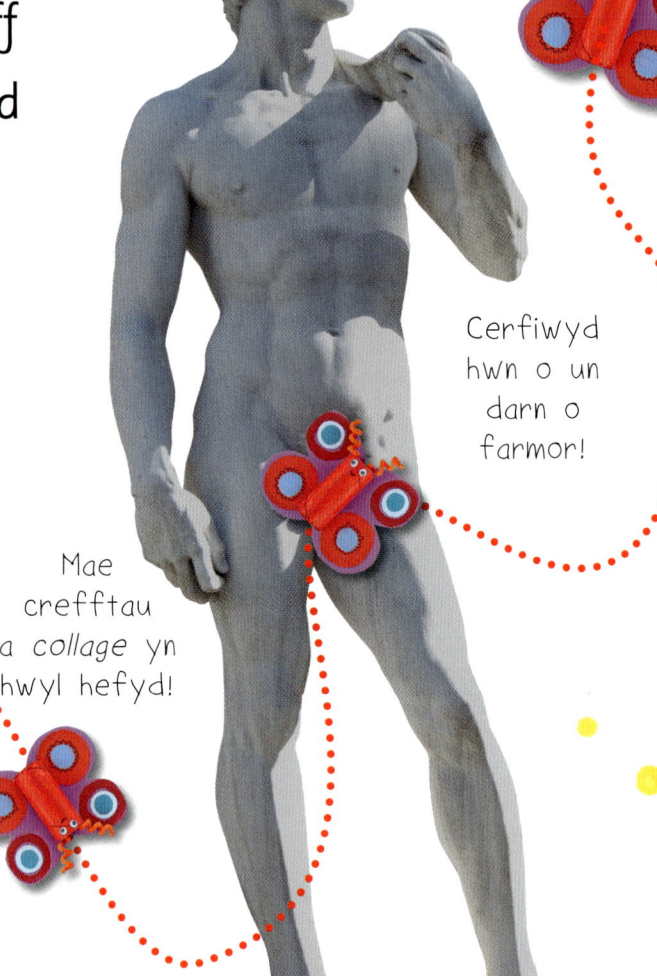

Cerfiwyd hwn o un darn o farmor!

Mae crefftau a *collage* yn hwyl hefyd!

Cerflunio
Math o gelf 3-dimensiwn yw cerflun. Gallwn ddefnyddio unrhyw beth – o farmor i sbwriel!

Ffotograffiaeth

Mae'r camera'n dy helpu i gofnodi eiliad arbennig a gweld y byd o wahanol onglau.

Mae'r camera'n derbyn golau ac yn ei droi'n llun.

Darlunio

Drwy ddefnyddio pensiliau, pinnau ffelt, creons, neu hyd yn oed dy gyfrifiadur, rwyt ti'n gallu sgriblo a thynnu lluniau.

Mosäig

Mae hon yn grefft hynafol iawn. Rwyt ti'n gludo teils bach at ei gilydd i wneud llun mwy.

Iechyd da!

Beth sy'n digwydd pan fyddwn ni'n sâl?
Gallwn fynd at ddoctoriaid a nyrsys!
Mae eu sgiliau a'u hoffer arbennig
yn gallu gwneud i ni
deimlo'n well.

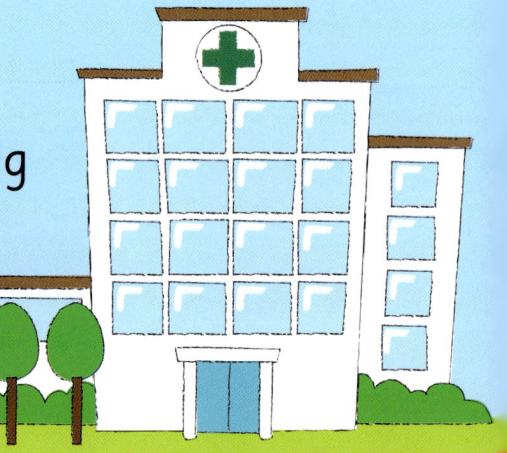

Hwrê am feddygaeth

Dyma rai datblygiadau meddygol sy'n helpu pobl i gadw'n iach a byw'n hirach.

Brechiadau

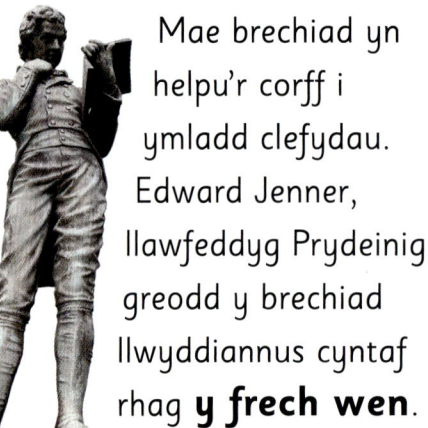

Mae brechiad yn helpu'r corff i ymladd clefydau. Edward Jenner, llawfeddyg Prydeinig, greodd y brechiad llwyddiannus cyntaf rhag **y frech wen**.

Stethosgop

Mae stethosgop yn caniatáu i ddoctoriaid **wrando** ar y galon a'r ysgyfaint i weld a oes problem.

Trawsblannu

Os yw'r galon yn methu gweithio'n iawn, gall y claf gael **un newydd** gan roddwr.

Thermomedr

Gall gwres uchel fod yn arwydd o dwymyn. Mae'r thermomedr yn helpu doctoriaid i fesur **gwres**.

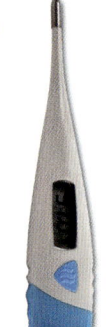

Pelydr X

Defnyddir hyn i dynnu lluniau o'r dannedd a'r **esgyrn** i weld a ydyn nhw wedi torri.

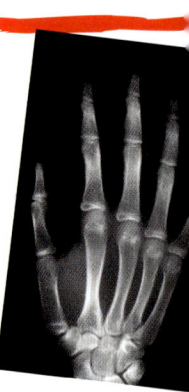

Beth yw pandemig?

Mae rhai clefydau'n lledaenu'n gyflym o un person i'r llall, gan wneud llawer iawn yn sâl. Enw clefyd o'r fath, sy'n lledaenu dros y byd i gyd, yw pandemig.

Yn ystod pandemig COVID-19, roedd pobl yn gwisgo mygydau mewn mannau cyhoeddus i'w gwarchod rhag germau drwg.

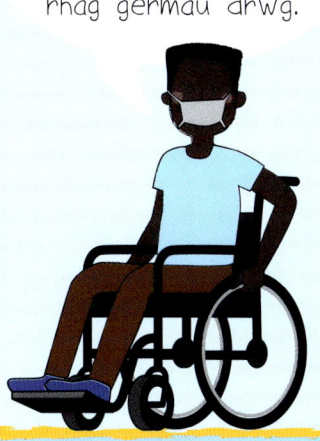

Gwrthfiotig

Mae'r gwrthfiotig yn feddyginiaeth bwysig iawn, sy'n ymladd **heintiau** cas yn y corff.

Castiau

Mae plastr caled yn helpu i warchod **esgyrn** sy wedi torri, a'u cadw'n llonydd nes iddyn nhw wella'n iawn.

Prosthetig

Mae pobl sy wedi colli braich neu goes, neu wedi eu geni hebddyn nhw, yn medru cael rhai **prosthetig** (artiffisial).

Llawfeddygaeth

Mae triniaeth **'twll-clo'** fodern yn fwy diogel na llawdriniaeth y gorffennol.

Uwchsain

Mae uwchsain yn fodd i weld lluniau symudol o'r tu mewn i'r corff, yn enwedig lluniau o **fabanod** cyn eu geni.

Camerâu

Yn ddigon bach i'w lyncu, mae'r capsiwl endosgop yn fodd i weld y tu mewn i dy gorff.

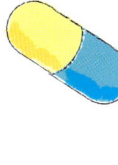

Anifeiliaid
anwes

Mae anifeiliaid anwes yn byw yn y tŷ neu'r ardd, ac yn ffrindiau gwych i ni. Mae angen llawer o **gariad** a **gofal** ar bob un, ond mae anifail anwes da fel aelod o'r teulu!

Mae gan bron hanner cartrefi'r UDA gi neu gath anwes.

Cŵn
Mae cŵn yn glyfar, cariadus a ffyddlon. Rhaid mynd â nhw am **dro** bob dydd, a'u **hyfforddi**'n ofalus.

Cathod
Mae cathod yn llawn personoliaeth, ac yn **gwmni mawr** yn y tŷ. Maen nhw'n hoffi rhedeg a chwarae tu allan hefyd. Maen nhw'n hoff iawn o gysgu!

Adar

Rhaid i aderyn gael **cawell** mawr lle gall hedfan o gwmpas. Gall parot fyw am 90 mlynedd, felly mae'n **gyfrifoldeb** mawr!

Pysgod

Mae'n bwysig i bysgodyn gael **tanc** mawr glân, gyda digon o le ynddo, a chwmni pysgod eraill.

Ieir

Mae'n well cadw **ieir** mewn grŵp gydag un **ceiliog**. Rhaid iddyn nhw gael lle i grwydro a chwt cysurus.

Cwningod

Mae cwningod yn hoffi cael eu mwytho, ond nid eu codi. Maen nhw angen **cwmni** cwningod eraill, digon o **wair**, a **chartref mawr**, lle gallan nhw redeg o gwmpas.

Hwyl gyda **rhifau**

Mae rhifau'n ein helpu i ddeall y byd o'n cwmpas. Rydyn ni'n eu defnyddio gan amlaf i gyfrif a mesur pethau (a nodi dydd ein pen-blwydd!) ond mae rhai rhifau'n arbennig **iawn**.

3, 2, 1…
I fyny â ni!

12.30

00   8

0

Mae'n edrych fel dim, ond heb **sero**, sut mae rhifo, dweud faint o'r gloch yw hi, neu gadw sgôr?

3.14

Mae mathemategwyr yn defnyddio 'pei' i ddatrys symiau anodd. Mae pei yn rhif **HIR** iawn, ond rydyn ni'n ei gwtogi i 3.14.

π

Dyma'r symbol pei.

4

Mae'r rhif hwn yn **anlwcus** mewn rhai gwledydd, achos mae'n swnio fel y gair 'marwolaeth' yn yr iaith leol.

29

Dyna nifer y **llythrennau** yn yr wyddor Gymraeg.

52

Mae 52 **wythnos** mewn blwyddyn – dyna'r amser mae'n gymryd i'r Ddaear symud o gwmpas yr Haul.

60

Rhif handi wrth ddweud **faint o'r gloch** yw hi. Mae 60 eiliad mewn munud, a 60 munud mewn awr.

Dyfeisio rhifau

Dyfeisiwyd y system rifau gyntaf amser maith yn ôl mewn lle o'r enw **Babilonia**. Erbyn heddiw, mae rhifau o'n cwmpas ym mhobman, ac rydyn ni'n eu defnyddio ar gyfer pob math o bethau.

7

Mae saith diwrnod ym mhob **wythnos**. Hefyd mae'n rhif lwcus mewn sawl gwlad.

10

Mae ein system rifo ni'n seiliedig ar y rhif 10, mwy na thebyg am fod gyda ni **10 bys**.

13

Mae llawer yn credu bod 13 yn anlwcus. Does dim stafell rhif 13 gan rai gwestai!

88

Mae'r Chineaid yn credu bod y rhif wyth yn dod â lwc a chyfoeth. Beth sy'n well nag un wyth? Dau wyth!

365

Cofia'r rhif hwn. Dyna faint o ddyddiau sy o un **pen-blwydd** i'r llall!

∞

Symbol sy'n golygu '**anfeidredd**' yw hwn, sef rhywbeth di-ddiwedd. Mae'n amhosib rhifo hyd at anfeidredd.

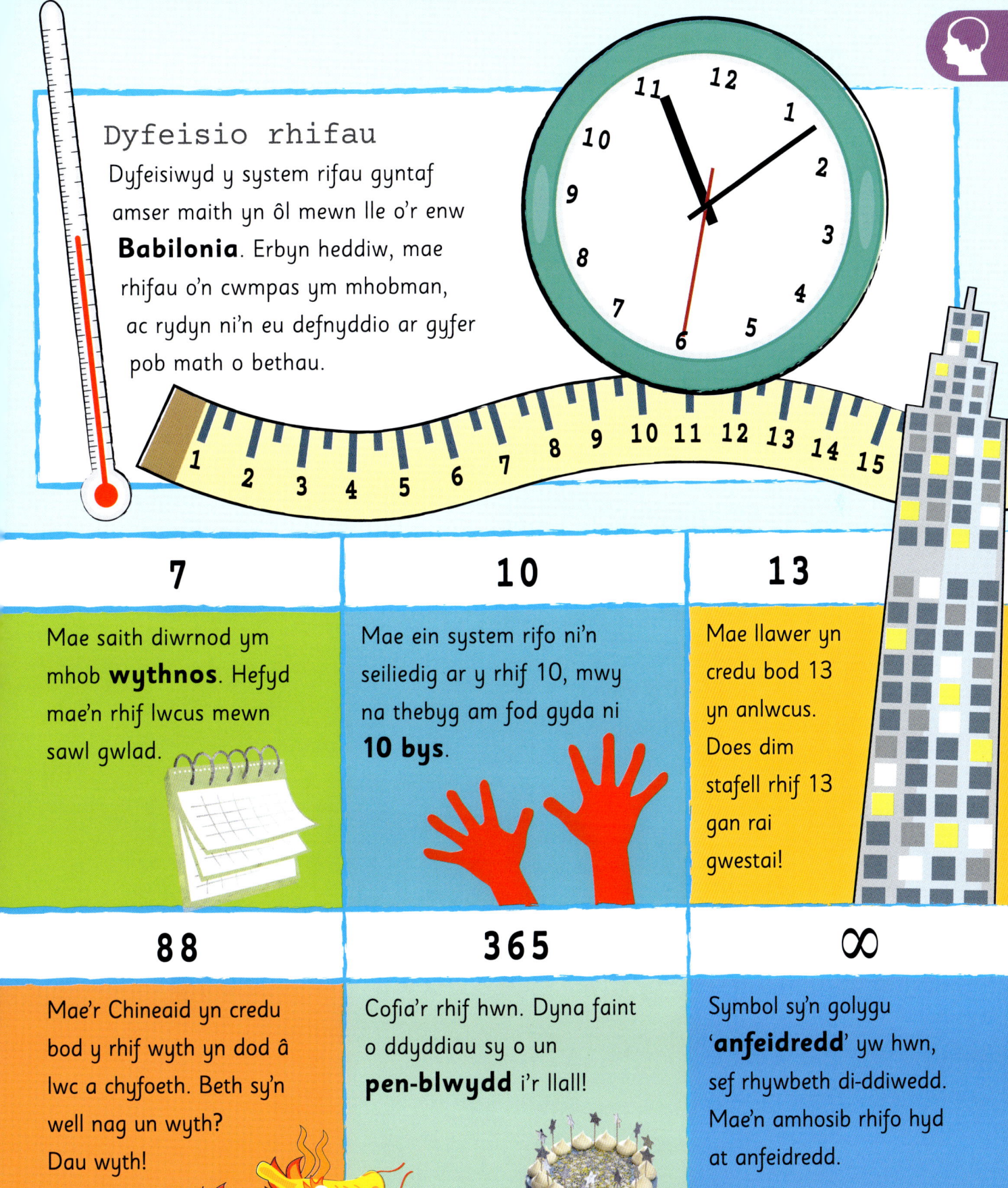

Faint o'r gloch yw hi?

Allwn ni ddim gweld na theimlo **amser**, ond mae popeth wnawn ni'n cymryd amser. Mae amser yn bwysig wrth drefnu'n dydd. Wyt ti'n gwneud rhywbeth fel hyn?

Deffra, ddiogyn! Mae'n ddiwrnod newydd sbon.

7yb

Amser brecwast! Bydd angen llawer o egni arnat ti heddiw eto.

7:30yb

Amser mynd i'r ysgol! Beth ddysgi di heddiw?

8:30yb

Dy fol yn grymial? Mae'n amser cinio!

12yp

Dweud yr amser

Allwn ni ddim teimlo amser, ond fe allwn ni ei fesur. Mae'r rhifau hyn yn ein helpu.

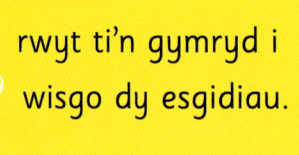

Mae **60 eiliad** mewn **munud** – tua'r amser rwyt ti'n gymryd i wisgo dy esgidiau.

Mae **60 munud** mewn **awr** – tua'r amser rwyt ti'n gymryd i fwyta dy ginio.

3:30yp

Amser mynd adre! Beth wnei di'r prynhawn 'ma?

Dyma gyfle i gael hwyl!

Dyma'r amser i eistedd i lawr a chael swper. Iym!

Mae'n mynd yn hwyr. Amser i 'molchi a brwsio dannedd.

Diffodd y golau tan y bore. Nos da!

4:30yp   **6yp**   **7yp**   **7:30yp**

Mae **diwrnod** cyfan (gan gynnwys y nos) yn cymryd **24 awr**. Dyna faint mae'n gymryd i'r Ddaear droi unwaith.

Mae **7 diwrnod** mewn **wythnos**. Bydd y penwythnos yma mewn chwinciad!

Y morgrugyn a sioncyn y gwair

Un diwrnod braf yn y **gwanwyn**, roedd sioncyn y gwair yn chwarae'i gitâr, pan gerddodd morgrugyn bach heibio…

"Hei, forgrugyn bach, dere i ganu gyda fi."

"Na, dwi'n paratoi ar gyfer y gaeaf. Dylet tithau wneud hefyd."

Chwarddodd y sioncyn. Doedd e ddim yn hoffi gwaith, a beth bynnag, roedd y gaeaf yn **bell** i ffwrdd. Roedd ganddo ddigon o fwyd am y tro.

Drwy'r haf roedd y sioncyn yn dal i ddiogi. "Cofia **baratoi** ar gyfer y gaeaf," meddai'r morgrugyn, ond doedd y sioncyn ddim yn gwrando.

Ond daeth y gaeaf yn gynt nag arfer, a chafodd y sioncyn fraw. Roedd e'n **oer** a **llwglyd**, a doedd dim bwyd na chysgod yn unman.

"Roedd y morgrugyn bach yn iawn," meddai. "Rhaid i fi fod yn fwy call flwyddyn nesa." Drwy lwc roedd y morgrugyn yn fodlon **rhannu** ag e, ond fe ddysgodd y sioncyn mor bwysig oedd gweithio'n galed a pharatoi.

Dyma **ragor** o

bethau pwysig iawn

Ar y tudalennau nesaf fe gei di gip bach ar **RAGOR** o bethau rhyfeddol. Felly, dere i droi'r tudalennau a darganfod dy arwydd sidydd, dysgu enwau chwilod, dweud helô mewn sawl iaith, a llawer, llawer mwy.

Dweud **helô**...

Ar draws y byd mae pobl yn cyfarch ei gilydd mewn gwahanol ffyrdd. Mae'n braf gallu dweud **helô**!

Ffrangeg
Bonjour
(Bo-siŵr)

Mandarin
Nǐhǎo
(Nî-haw)

Saesneg
Hello
(Hel-ô)

Portiwgaleg
Olá
(O-la)

Swedeg
Hej
(Hei)

Japaneg
Konnichiwa
(Con-ni-tshi-wa)

Sbaeneg
Hola
(O-la)

Almaeneg
Guten Tag
(Gŵt-en tâc)

Hawäieg
Aloha
(A-lo-ha)

Gwyddorau

Mae rhai ieithoedd, fel Chinaeg neu Japaneg, yn defnyddio llythrennau neu wyddorau gwahanol. Felly, yn y gwledydd hynny, byddai'r geiriau'n edrych yn wahanol i'r hyn weli di yma.

Iseldireg
Goed dag
(Gŵt dâg)

. . . a **hwyl fawr**

Rwyt ti wedi dysgu sut i ddweud helô mewn sawl iaith.

Nawr dyma **hwyl fawr** yn yr ieithoedd hynny.

Ffrangeg
Au revoir
(O ryf-wâr)

Mandarin
Zàijiàn
(Sei ji-an)

Saesneg
Goodbye
(Gwd-bai)

Portiwgaleg
Adeus
(A-de-ŵs)

Swedeg
Hej då
(Hei do)

Japaneg
Sayonara
(Sai-io-na-ra)

Sbaeneg
Adiós
(A-di-os)

Almaeneg
Auf Wiedersehen
(Awff fi-der-sei-yn)

Hawäieg
Aloha
(A-lo-ha)

Drwy ddysgu ieithoedd eraill, galli di wneud ffrindiau ar draws y byd.

Iseldireg
Tot ziens
(Tot sins)

177

Lliwiau llon

Mae ein llygaid yn wych, ac yn derbyn golau mewn ffordd arbennig. Dyna sut ydyn ni'n gallu gweld pob math o liwiau.

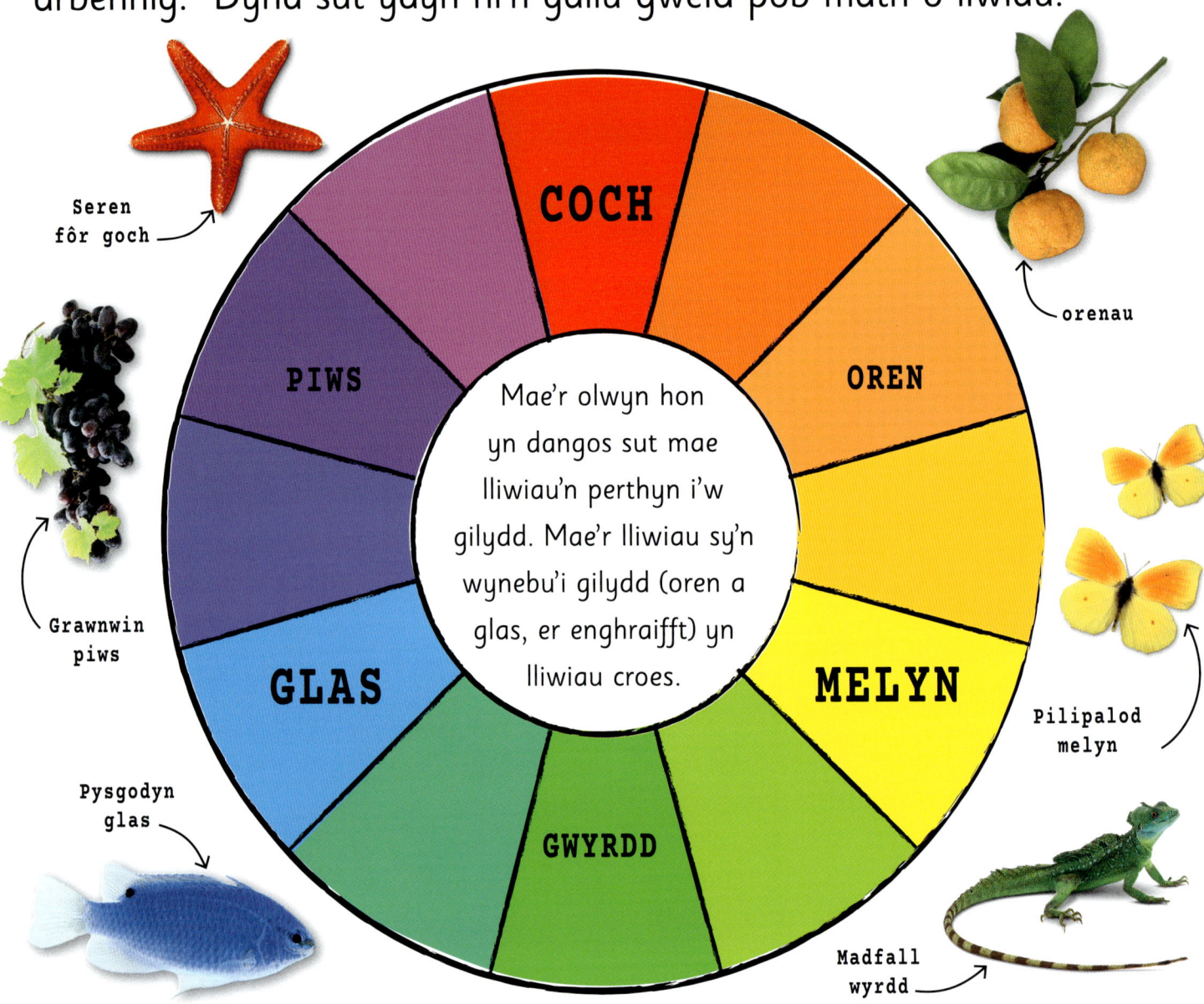

Seren fôr goch

Grawnwin piws

Pysgodyn glas

orenau

Pilipalod melyn

Madfall wyrdd

COCH

OREN

MELYN

GWYRDD

GLAS

PIWS

Mae'r olwyn hon yn dangos sut mae lliwiau'n perthyn i'w gilydd. Mae'r lliwiau sy'n wynebu'i gilydd (oren a glas, er enghraifft) yn lliwiau croes.

Mae rhai anifeiliaid, gan cynnwys CŴN, yn gweld LLAI o

Cymysgu lliwiau

Drwy gymysgu lliwiau, gallwn wneud rhai newydd. **Lliwiau cynradd** yw coch, glas a melyn, achos, drwy eu cymysgu, mae'n bosib creu llawer o liwiau eraill.

Mae gan y twcan hwn big liwgar. Weithiau mae gan anifeiliaid liwiau llachar er mwyn dychryn anifeiliaid eraill neu ddenu cymar.

Coch + **Melyn** = **Oren**

Melyn + **Glas** = **Gwyrdd**

Glas + **Coch** = **Piws**

liwiau na ni. Mae eraill, fel y **PILIPALOD**, yn gweld **MWY**.

Siwpyr-**siapiau**

Mae siapiau o'n cwmpas ym mhobman – rhai'n bigog, rhai'n gyrliog a rhai â chorneli.

Mae siapiau 2-ddimensiwn yn FFLAT. Rwyt ti'n gallu gweld y siâp cyfan ar bapur.

4 ochr gyfartal

Sgwâr

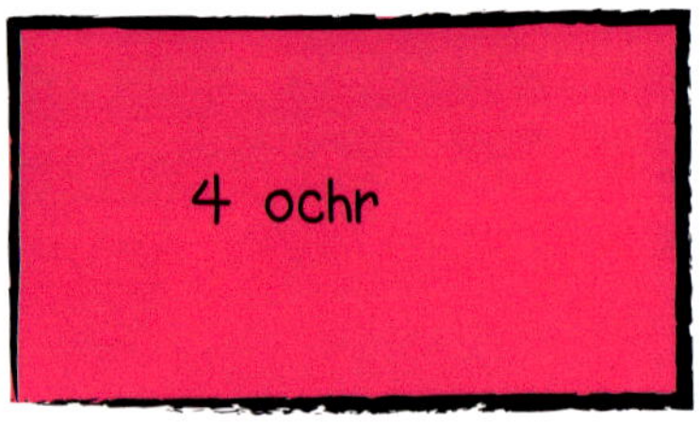

4 ochr

Petryal

Calon

Hirgrwn

Does dim corneli gan y cylch na'r hirgrwn!

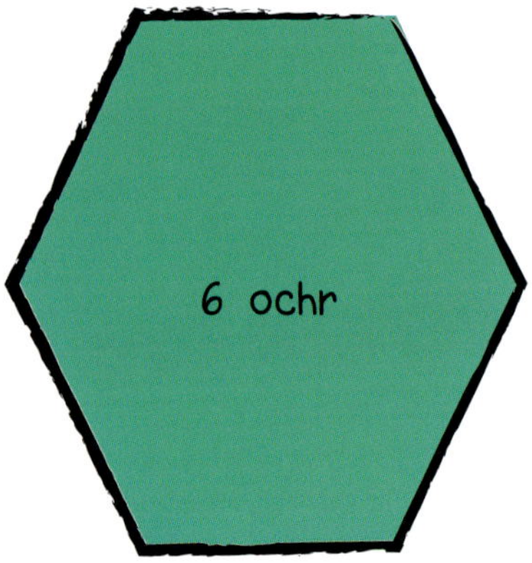

6 ochr

Hecsagon

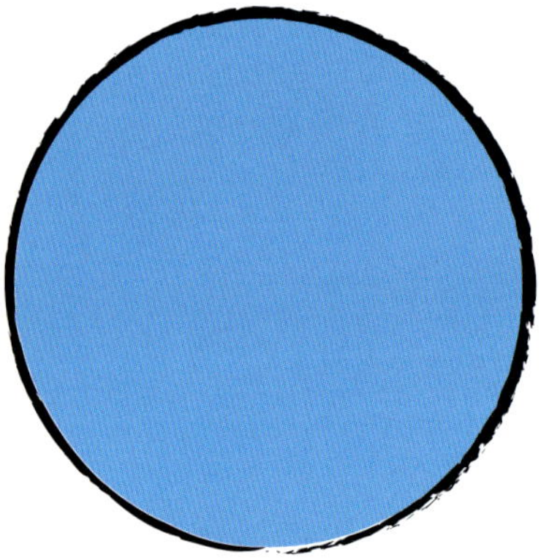

Cylch

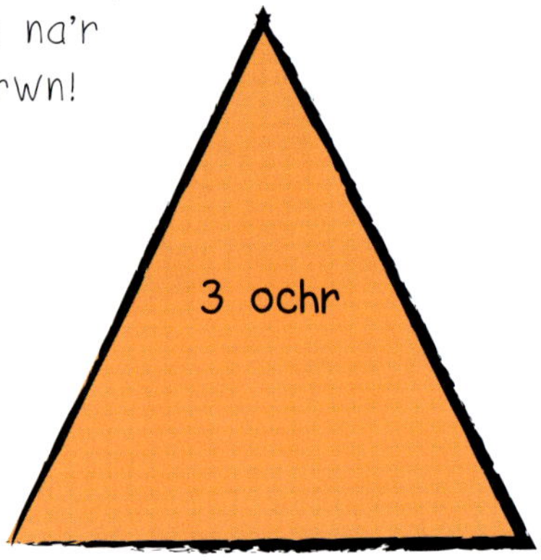

3 ochr

Triongl

Siapiau **3-dimensiwn** yw'r rhain. Maen nhw'n **SOLET**, felly mae'n bosib eu cyffwrdd a'u teimlo.

Côn

Mae gan y ciwb a'r ciwboid 6 wyneb. Alli di mo'u gweld nhw i gyd ar bapur.

Ciwb

Ciwboid

Sfferoid

Sffêr

Mae gan y pyramid sylfaen sgwâr a phedwar triongl â'u pigau'n cyffwrdd.

Pyramid

Ffrwythau ffab

Er eu bod yn wahanol o ran **lliw** a llun, mae gan bob ffrwyth hadau. Mae ffrwythau'n dda iawn i ni. Beth am eu bwyta **bob** dydd?

Pinafal

Olifau

Afocado

Lemwn

Papaia

Grawnwin

Banana

Melon dŵr

Ciwi

Sêr-ffrwyth

Bricyllen

Ceirios

Mwyar duon

Physalis

Afal

Eirin

Eirinen wlanog

Croen caled
i warchod y
ffrwyth

Litchis

Ffigys

Clementinau

Mefus

Llus

Llysiau llesol

Mae llowcio **llysiau** – yn amrwd neu wedi'u coginio – yn ein cadw'n iach. Bwyta nhw mor aml ag y galli di.

Sinsir

Letysen

Brocoli

Garlleg

Tatws

Pys

Seleri

Corbwmpen

Asbaragws

Blodfresychen

Radis

Colrabi

Moron

Mae rhai moron yn biws!

Tatws melys

Betys coch

Bresych coch

Pupur

Tsilis

Winwnsyn/Nionyn coch

Dewch i **rifo**

1 Un eliffant

2 Dau jiráff

3 Tri pengwin

4 Pedwar merlyn

5 Pump mandrila

6 Chwech parot

7 Saith crwban

8 Wyth seren fôr

9 Naw pilipala

10 Deg cwningen

20 Dau ddeg pysgodyn

30 Tri deg broga

50 **Pum deg**
buwch goch gota

Ond faint o smotiau?

100 **Cant**
morgrugyn

Dewch i **luosi**

Mae adio setiau o'r un rhif yn llawer **haws** a **chyflymach**, os wyt ti'n lluosi.

Dwed bod gen ti 4 set o 2 fotwm, faint yw hynny?

Rhifa nhw i wneud yn siŵr!

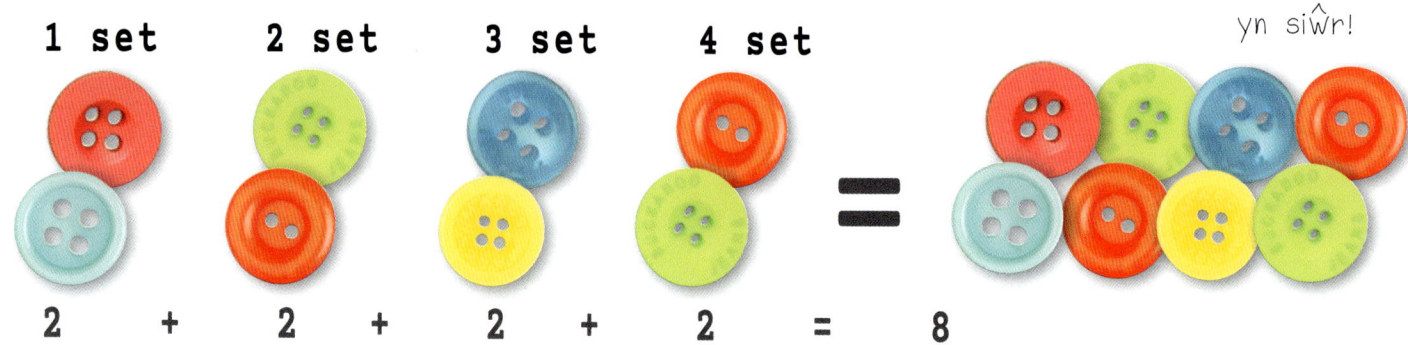

1 set **2 set** **3 set** **4 set**

2 + 2 + 2 + 2 = 8

4 x 2 = 8 botwm

Ateba'r symiau hyn drwy ddefnyddio'r tabl.

2 x 3 = ?

8 x 9 = ?

4 x 6 = ?

7 x 5 = ?

Defnyddio'r tabl

I ddarganfod yr ateb i '2 x 3', rho dy fys ar y rhif '2' mawr a'i dynnu ar hyd y rhes, nes wyt ti o dan y rhif '3' mawr. Mae'r ateb (6) yn y sgwâr lle maen nhw'n cwrdd!

Dim ots o ba gyfeiriad rwyt ti'n dechrau, mae'r ateb yr un fath.

Tabl abl

Mae'r tabl hwn yn dangos beth sy'n digwydd pan fydd dau rif yn lluosi – heb i ti orfod gwneud y sym!

Y rhifau gwyn yw'r rhai lle mae rhif wedi'i luosi â'i hunan!

	1	2	3	4	5	6	7	8	9	10
1	1	2	3	4	5	6	7	8	9	10
2	2	4	6	8	10	12	14	16	18	20
3	3	6	9	12	15	18	21	24	27	30
4	4	8	12	16	20	24	28	32	36	40
5	5	10	15	20	25	30	35	40	45	50
6	6	12	18	24	30	36	42	48	54	60
7	7	14	21	28	35	42	49	56	63	70
8	8	16	24	32	40	48	56	64	72	80
9	9	18	27	36	45	54	63	72	81	90
10	10	20	30	40	50	60	70	80	90	100

Mesuriadau

I ddarganfod pa mor dal ydyn ni, neu pa mor gyflym y gallwn ni redeg, mae'n rhaid cael mesuriadau.

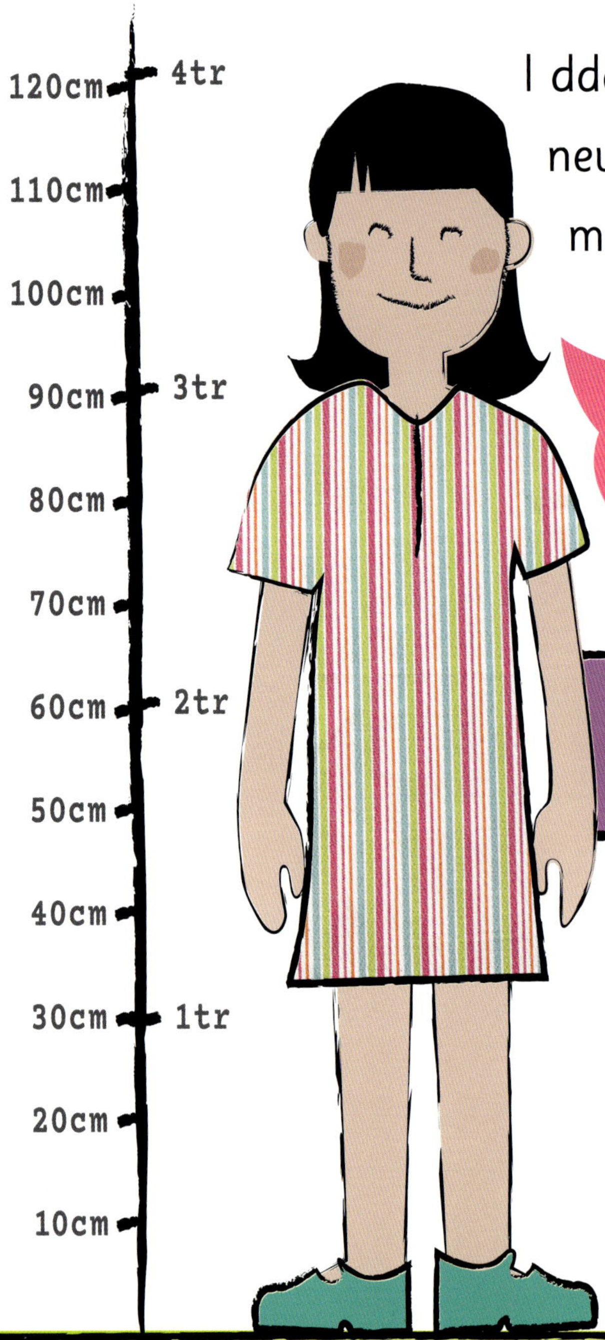

120cm — 4tr
110cm
100cm
90cm — 3tr
80cm
70cm
60cm — 2tr
50cm
40cm
30cm — 1tr
20cm
10cm

Dwi'n 120 cm neu'n 4 troedfedd o daldra.

Mesur maint

Metrig
Milimetrau (mm)
Centimetrau (cm)
Metrau (m)
Cilometrau (km)

Imperial
Modfeddi (in)
Troedfeddi (tr)
Llathenni (yd)
Milltiroedd (mi)

Mesur pwysau

Metrig
Miligramau (mg)
Gramau (g)
Cilogramau (kg)

Imperial
Ownsys (oz)
Pwysi (lb)
Tunelli (t)

Mesuriadau eraill
Mae gan rai pethau fesuriadau arbennig.

Scofil yw mesuriad poethder pupurau tsili.

System o'r enw **beitiau** sy'n mesur cof cyfrifiadur.

Mesuriadau gwahanol

Mae gwahanol ffyrdd o fesur mewn gwahanol wledydd. Mae rhai'n defnyddio system o'r enw '**metrig**', a rhai'n defnyddio system o'r enw '**imperial**'.

Mae km/a neu mya yn mesur pa mor bell mae rhywbeth yn teithio mewn awr.

Mae thermomedrau'n mesur gwres.

Mesur hylif	Mesur gwres	Mesur cyflymder
Metrig Mililitrau (ml) Litrau (l) Cilolitrau (kl)	**Metrig** Celsiws (°C)	**Metrig** Cilometrau yr awr (km/a)
Imperial Ownsys hylifol (fl oz) Cwpanau (c) Peintiau (pt) Galwyni (gal)	**Imperial** Fahrenheit (°F)	**Imperial** Milltiroedd yr awr (mya)

Dyrnfeddi sy'n nodi taldra ceffyl.

Notiau Mesurwn gyflymder cwch mewn notiau.

Arwyddion y **sidydd**

Mae gan bawb **arwydd sidydd** arbennig.

Mae dy arwydd di'n dibynnu ar leoliad yr Haul

yn yr awyr ar y diwrnod y cest ti dy eni.

Mae 12 arwydd gwahanol sy'n cael eu rhannu'n 4 grŵp.

Yr Hwrdd	Y Tarw	Yr Efeilliaid
21 Mawrth – 19 Ebrill	20 Ebrill – 20 Mai	21 Mai – 21 Mehefin

Y Fantol	Y Sgorpion	Y Saethydd
23 Medi – 23 Hydref	24 Hydref – 21 Tachwedd	22 Tachwedd – 21 Rhagfyr

Arwyddion aer
Mae pobl ag arwydd aer yn aml yn chwilfrydig, ac yn hoffi gwneud ffrindiau.

Arwyddion dŵr
Dywedir bod y bobl hyn yn sensitif ac yn deall teimladau pobl eraill.

Arwyddion tân
Bywiog a chryf – dyna ddisgrifiad o bobl ag arwydd tân.

Arwyddion daear
Bod yn foesgar a chyfeillgar yw prif nodweddion yr arwyddion hyn.

Y Cranc	Y Llew	Y Wyryf
22 Mehefin – 22 Gorffennaf	23 Gorffennaf – 22 Awst	23 Awst – 22 Medi
Yr Afr	Y Cariwr Dŵr	Y Pysgod
 22 Rhagfyr – 19 Ionawr	 20 Ionawr – 18 Chwefror	 19 Chwefror – 20 Mawrth

Horosgopau'r **Chineaid**

Mae gan bob blwyddyn newydd yn China **anifail** arbennig. Dyna fydd **arwydd** horosgop pob babi sy'n cael ei eni yn ystod y flwyddyn.

Llygoden Fawr	Ych	Teigr
1984, 1996, 2008, 2020 Clyfar, doniol, caredig a hyderus.	1985, 1997, 2009, 2021 Gweithgar, clyfar a gonest.	1986, 1998, 2010, 2022 Dewr, cryf ac annibynnol iawn.
Ceffyl	**Gafr**	**Mwnci**
 1990, 2002, 2014, 2026 Llawn egni, caredig, a hapus.	 1991, 2003, 2015, 2027 Creadigol, tyner, gonest a breuddwydiol.	 1992, 2004, 2016, 2028 Chwareus, doniol a chlyfar.

Pa anifail wyt ti?

Mae rhai pobl yn credu bod dy arwydd yn effeithio ar dy bersonoliaeth. Chwilia am **flwyddyn dy eni** ar y siart er mwyn gweld a wyt ti'n debyg i'r anifail.

Mae'r Chineaid yn dathlu'r Flwyddyn Newydd naill ai yn Ionawr neu yn Chwefror, pan fydd y Lleuad Newydd yn ymddangos. Maen nhw'n dathlu am ddyddiau!

Cwningen	Draig	Neidr
1987, 1999, 2011, 2023 Addfwyn, caredig, clyfar ac amyneddgar.	1988, 2000, 2012, 2024 Pwerus, cryf a lwcus iawn.	1989, 2001, 2013, 2025 Hamddenol, call, meddylgar ac yn hoffi sgwrs.
Ceiliog	Ci	Mochyn
1993, 2005, 2017, 2029 Gonest, hyderus a sylwgar.	1994, 2006, 2018, 2030 Cyfeillgar, hapus, ffyddlon a dewr.	1995, 2007, 2019, 2031 Clyfar, hael, cwrtais a charedig.

195

Gemau gwerthfawr

Mae gemau'n hardd ac yn brin, ac yn dod o'r creigiau sy yn y Ddaear. Ond rhaid eu trin yn ofalus i wneud iddyn nhw edrych yn dlws.

Fel hyn mae rhai gemau'n edrych, cyn eu **TORRI**, eu **GLANHAU** a'u **NADDU**.

Rhuddem arw

Ar ôl cael eu torri, mae gemau'n disgleirio am fod ganddyn nhw lawer o ffasedau (wynebau) sy'n adlewyrchu golau.

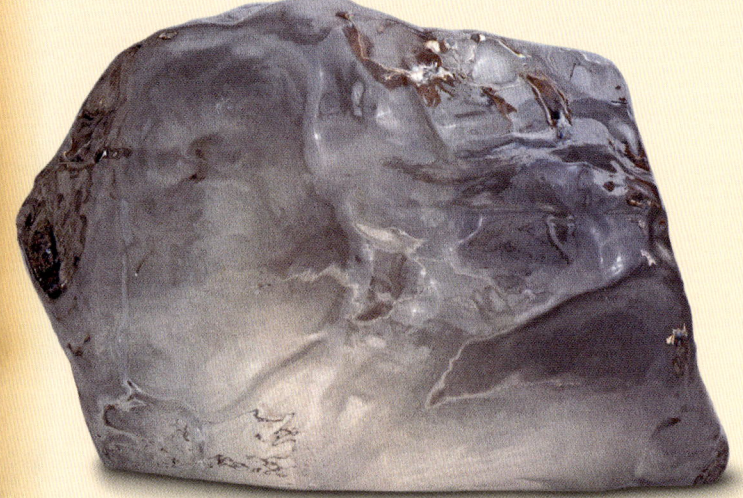

Diemwnt garw

Emrallt garw

Diemwnt

Sitrin

Heliodor

Cwarts pinc

Topas

Garned

Opal tân

Rhuddem

Amethyst

Sbinel

Saffir

Apatit

Eurfaen

Twrmalin

Emrallt

Arenfaen

Cymylau cŵl

Mawr a lympiog neu hir a thenau,
mae cymylau o bob math yn
llithro drwy'r awyr.

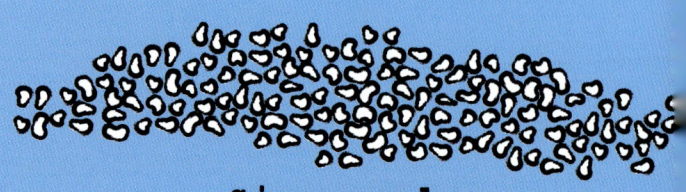

Sirocwmwlws
(sir-o-cw-mw-lws)

Altocwmwlws
(al-to-cw-mw-lws)

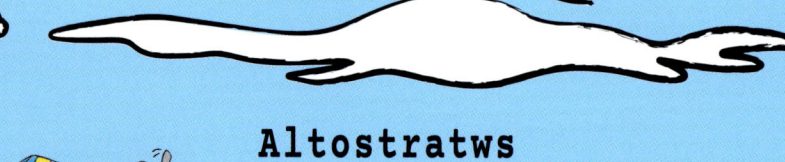

Altostratws
(al-to-strat-ws)

Mae pob cwmwl wedi'i
wneud o ddafnau
bach o ddŵr neu iâ.

Stratocwmwlws
(strat-o-cw-mw-lws)

Stratws
(strat-ws)

Stratocwmwlws	Cwmwlonimbws	Altocwmwlws

Sirws
(sir-ws)

Cwmwlonimbws
(cw-mw-lo-nim-bws)

Wyt ti wedi edrych i fyny a gweld **SIAPIAU** yn y cymylau?

Gall cymylau cwmwlonimbws ddod â mellt a tharanau.

Cwmwlws
(cw-mw-lws)

Uchel
Dros 6,000 m
(Dros 20,000 tr)

Canolig
2,000 m – 6,000 m
(6,500 – 20,000 tr)

Isel
Dan 2,000 m
(Dan 6,500 tr)

Altostratws

Sirocwmwlws

Sirws

Offerynnau cerdd

I greu cerddoriaeth, rhaid i ti gael **offeryn** (neu dy lais!). Caiff offerynnau eu rhoi mewn grŵp yn ôl y ffordd maen nhw'n cynhyrchu sŵn.

Biwgl

Mae llinynnau gan rai offerynnau.

Ffidil

Trwmped

Banjo

Iwcalili

Tiwba

Llinynnau

Pres

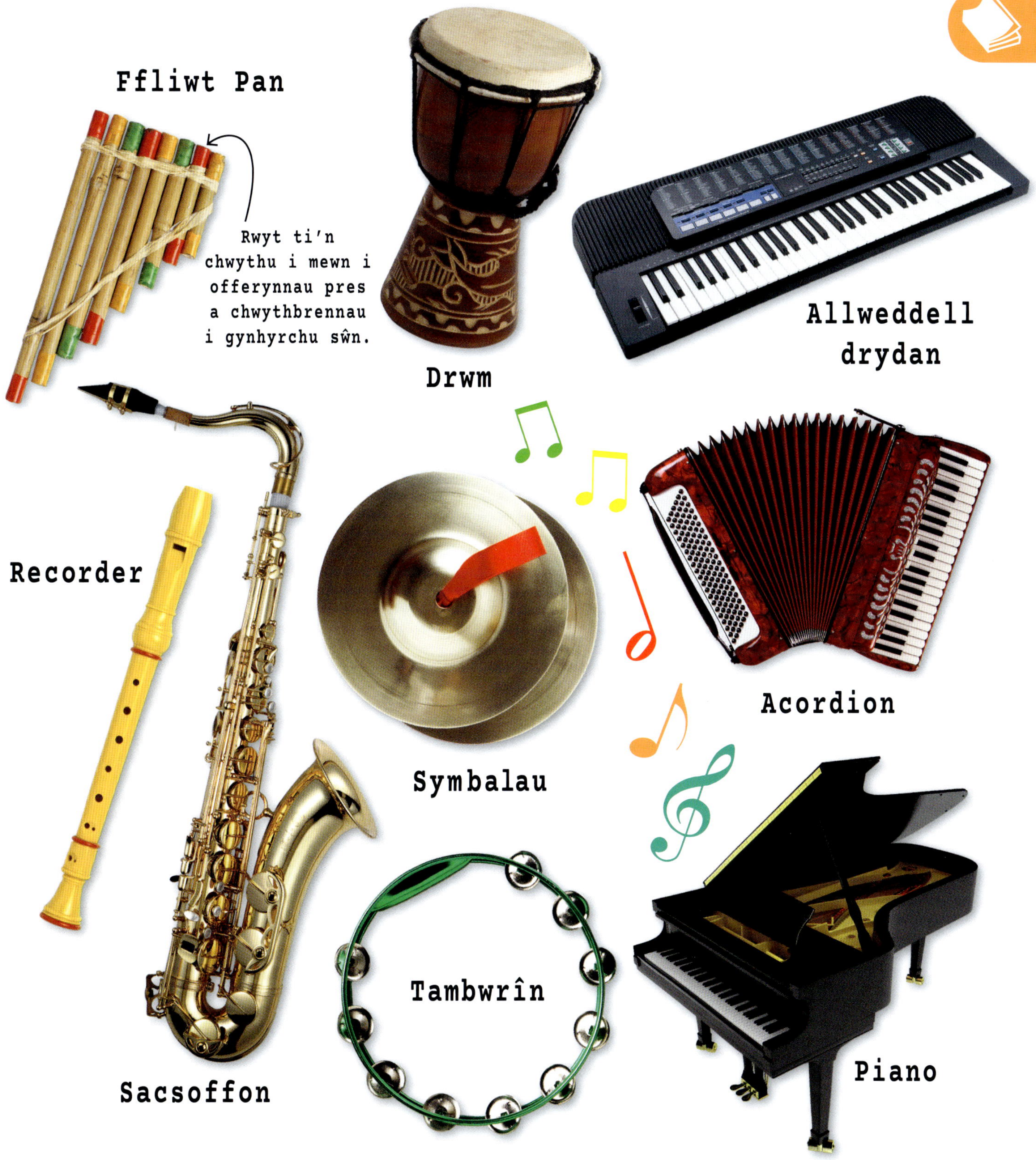
Ffliwt Pan
Rwyt ti'n chwythu i mewn i offerynnau pres a chwythbrennau i gynhyrchu sŵn.
Drwm
Allweddell drydan
Recorder
Symbalau
Acordion
Sacsoffon
Tambwrîn
Piano

Chwythbrennau | Taro | Alweddellau

Cerbydau gwaith

Mae ein ffyrdd, ein caeau a'n safleoedd adeiladu yn llawn o gerbydau. Mae rhai'n gwneud gwaith arbennig.

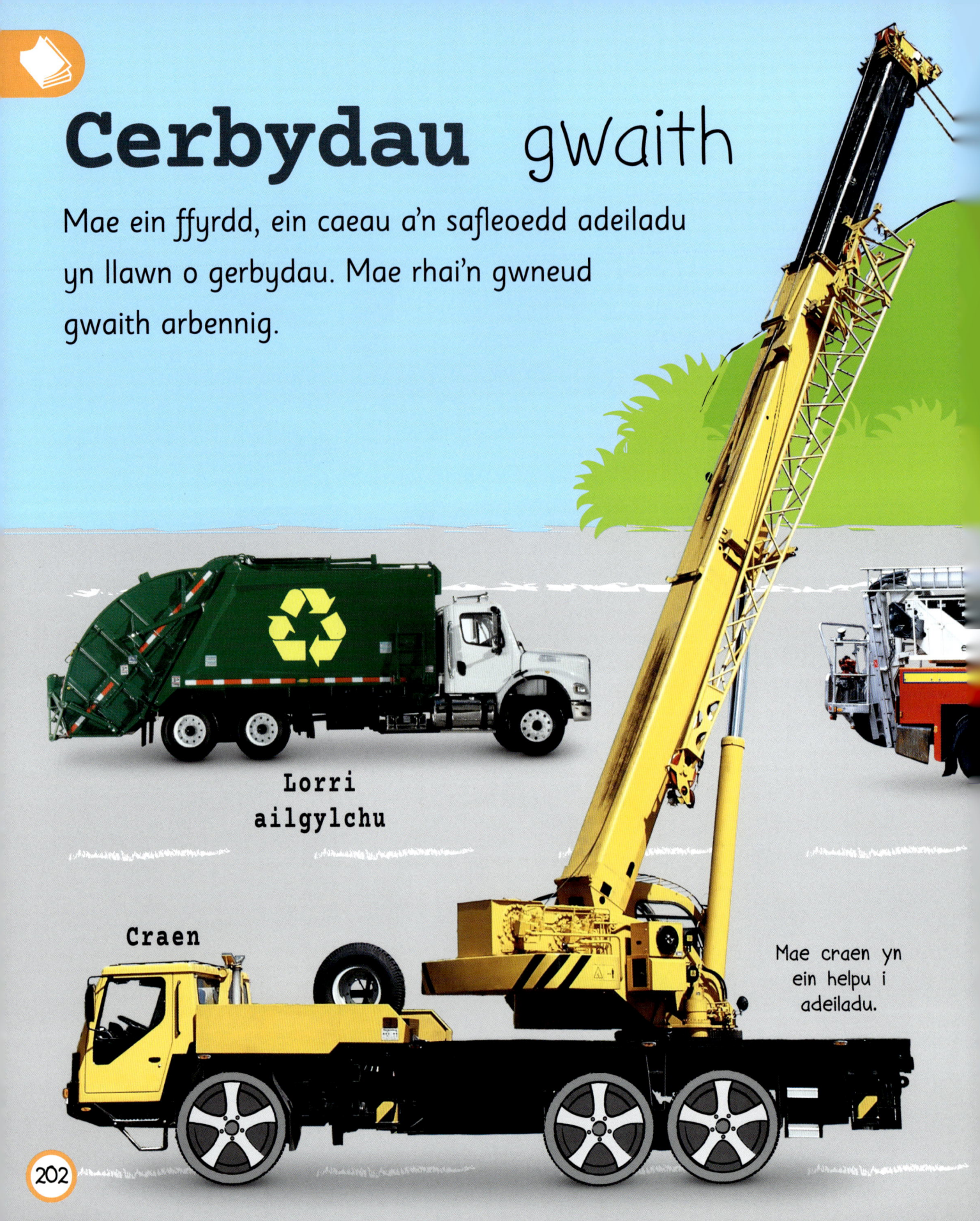

Lorri ailgylchu

Craen

Mae craen yn ein helpu i adeiladu.

Beic cwad

Combein

Mae ambiwlans yn mynd â phobl sâl i'r ysbyty.

Ambiwlans

Car heddlu

HEDDLU

Injan dân

Dadlwythwr

Tarw dur

Chwilio am **chwilod**

Mae llawer iawn o chwilod o bob lliw a llun yn byw ar y Ddaear. Mae rhai'n lliwgar ac yn hardd dros ben.

Mae dros 350,000 o wahanol fathau o chwilod.

Chwilen Ercwlff

Chwilen Goliath

Teimlyddion hir

Chwilen gorniog

Chwilen gyrn carw

Chwilen glec

Gwiddonyn jiráff

Chwilen Mehefin

Sgarab

Wyddet ti fod gan y rhan fwyaf o chwilod ddau bâr o adenydd?

Chwilen em flewog

Dwi'n chwilen hefyd!

Buwch goch gota

Chwilen lili goch

Adenydd allanol caled i warchod yr adenydd sy'n hedfan.

Chwilen aur

Chwilen grwban

Gwiddonyn gem

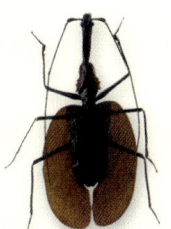

Chwilen ffidil

Pry tân

Chwilen anialwch Namib

Darganfod **deinosoriaid**

Dyma rai o'r ymlusgiaid rhyfeddol oedd yn crwydro'r Ddaear filiynau o flynyddoedd yn ôl.

Igwanodon
(ig-GWA-no-don)

Sbinosorws
(SBIN-o-SOR-ws)

Tyranosorws
(TI-ran-o-SOR-ws)

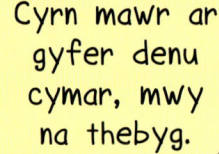

Cyrn mawr ar gyfer denu cymar, mwy na thebyg.

Fy enw i yw
Einiosorws
(EI-ni-o-SOR-ws)

Barosorws
(BA-ro-SOR-ws)

Diplodocws
(dip-LOD-o-cws)

Paciseffalosorws
(PAC-i-SEFF-a-lo-SOR-ws)

Roedd y cawr hwn bron mor hir â thri bws!

Drednotws
(dred-NO-tws)

Yn ôl y gwyddonwyr, dyma un o'r creaduriaid mwyaf a welwyd erioed ar dir.

Stegosorws
(STEG-o-SOR-ws)

Soropelta
(SOR-o-PELT-a)

Wy a mwy

Mae pob **cyw aderyn** yn deor o wy,
ond mae'r wyau o bob lliw a llun.

Iâr

Bronfraith

Y gog

Sofliar

Diflannodd
y carfil mawr
o'r Ddaear
bron 200 o
flynyddoedd
yn ôl.

Carfil mawr

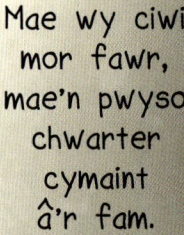

Mae wy ciwi
mor fawr,
mae'n pwyso
chwarter
cymaint
â'r fam.

**Pengwin
brenhinol**

Ciwi

Eryr aur

Hebog tramor

Bilidowcar

Mae un pen pigfain
gan rai wyau
i'w rhwystro rhag
rholio oddi ar
y creigiau.

Tylluan frech

Gwalch glas

Aderyn y si

Llwyd y berth

Mae ymlusgiaid, pysgod, amffibiaid ac infertebratau'n dodwy wyau hefyd!

Emiw

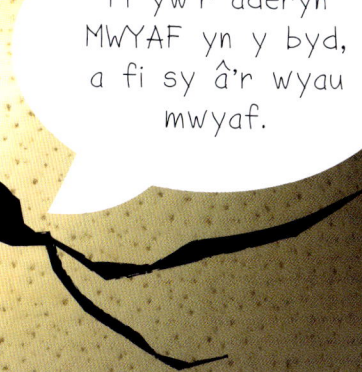

Fi yw'r aderyn MWYAF yn y byd, a fi sy â'r wyau mwyaf.

Estrys

Anifeiliaid a'u **babanod**

Mae llawer o fabanod yn edrych yn debyg i'w rhieni, ond mae rhai'n edrych yn hollol wahanol!

Teigr

Cenau

Pilipala

Lindys

Tylluan

Cyw

Estrys

Cyw

Gorila

Tapir

Babi gorila

Llo

Llwynog

Crwban

Pengwin

Cenau

Cyw crwban

Broga

Cyw

Penbwl

Baneri braf

Mae gan bob gwlad faner i'w defnyddio fel symbol. Mae ystyr arbennig i'r cynllun ar lawer o'r baneri.

Mae gan fudiadau fel y Gêmau Olympaidd a'r Cenhedloedd Unedig faneri hefyd.

Baner y Cenhedloedd Unedig

Y Deyrnas Unedig

Sweden

China

De Corea

Yr Almaen

Portiwgal

India

Malaysia

Ffrainc

Yr Iseldiroedd

Japan

Nepal

Sbaen

Denmarc

Asia

Ewrop

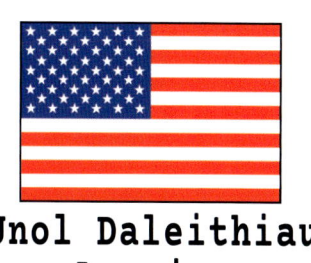

Unol Daleithiau America

Brasil

Awstralia

De Affrica

Canada

Ecwador

Seland Newydd

Yr Aifft

Ciwba

Chile

Samoa

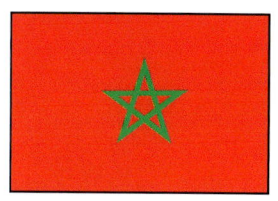

Morocco

Mecsico

Uruguay

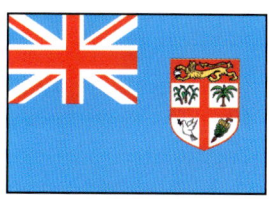

Ffiji

Algeria

Jamaica

Yr Ariannin

Tonga

Nigeria

Gogledd America

De America

Awstralia a'r Môr Tawel

Affrica

Y 10 uchaf: Gwledydd

Mae llawer o wledydd yn y byd.
Mae rhai'n **ENFAWR**, a rhai'n *fach*.

Eglwys Gadeiriol
Sant Basil,
Moscow, Rwsia

Y deg gwlad...
FWYAF

Mae'r gwledydd hyn mor fawr, falle bydd raid
i ti deithio mewn awyren o un ochr i'r llall!

1. Rwsia
2. Canada
3. China
4. Unol Daleithiau America
5. Brasil
6. Awstralia
7. India
8. Ariannin
9. Kazakhstan
10. Algeria

Baner UDA

Cerflun
Crist y
Gwaredwr,
Brasil

Awstralia

Basilica Sant Pedr, Dinas y Fatican

Gall Rwsia lyncu
Dinas y Fatican
38 MILIWN
o weithiau!

Y deg gwlad...
LEIAF

Mae'r gwledydd hyn yn fach iawn. Gallet ti gerdded ar draws rhai ohonyn nhw mewn llai na diwrnod!

1. Dinas y Fatican
2. Monaco
3. Nauru
4. Tuvalu
5. San Marino
6. Liechtenstein
7. Ynysoedd Marshall
8. Sant Kitts a Nevis
9. Maldives
10. Malta

Car Fformiwla Un ym Monaco

Tŵr yn San Marino

Mwnci ferfet ar Sant Kitts

Traeth yn y Maldives

Y 10 uchaf: Byd

Mae ein byd yn llawn o olygfeydd rhyfeddol,
o afonydd hir i anialdiroedd enfawr.

Y deg afon...
HIRAF

Mae'r afonydd hyn MOR hir, maen nhw'n llifo
drwy sawl gwlad.

Caiman

Pirana

Yr Amazonas

Cwch yn
hwylio ar
afon Nîl

1. Nîl, Affrica
2. Amazonas, De America
3. Yangtze, China
4. Mississippi, UDA
5. Yenisei, Rwsia
6. Afon Felen, China
7. Ob, Rwsia
8. Paraná, De America
9. Congo, Affrica
10. Amur, Asia

Mae'n anodd mesur maint anialdiroedd, achos mae rhai'n tyfu'n **FWY** ac yn **FWY**.

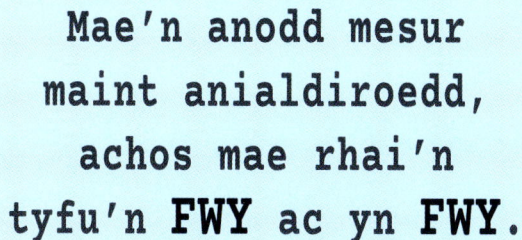
Pengwin yn Antarctica

Y deg anialwch... **MWYAF**

Dim ond ychydig o law (neu ddim o gwbl) sy'n disgyn ar yr ardaloedd sych hyn. Maen nhw'n ymestyn am filltiroedd maith.

1. Antarctica
2. Yr Arctig
3. Sahara, Affrica
4. Anialwch Arabia, Gorllewin Asia
5. Gobi, Asia
6. Anialwch Patagonia, Ariannin
7. Anialwch Mawr Fictoria, Awstralia
8. Kalahari, Affrica
9. Y Basn Mawr, UDA
10. Anialwch Syria, Syria

Camel dau grwmp

Y Sahara

Y 10 uchaf: Anifeiliaid

Er bod rhai anifeiliaid yn beryglus i ni, mae'n bwysig gwarchod pob rhywogaeth.

Gall mosgito ledaenu clefyd marwol.

Mosgito

Deg anifail MARWOL

Paid â mynd yn agos! Mae rhai'n brathu, rhai'n wenwynig, a rhai'n lledaenu clefyd.

Siarc mawr gwyn

Mamba ddu (neidr)

Gweddw ddu (corryn/ pry cop)

Octopws cylchoedd-glas

Pysgodyn jeli bocs

Morgrugyn bwled

Siarc mawr gwyn

Hipopotamws

Mosgito

Broga dart gwenwynig

Gwalchgacynen tarantwla

Dwi'n gryf iawn, cyflym a bygythiol.

Broga dart gwenwynig

Hipopotamws

Gwalchgacynen tarantwla

Octopws cylchoedd-glas

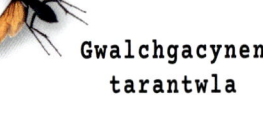

Panda mawr

NEWYDDION DA!
Rai blynyddoedd yn ôl, roedd y panda bron â diflannu, ond nawr mae'r nifer yn cynyddu.

Rhinoseros du

Deg anifail MEWN PERYGL

Mae rhai anifeiliaid mewn perygl o ddiflannu yn y dyfodol. Ond drwy lwc mae rhai pobl yn ceisio datrys y broblem.

Rhinoseros du
Hwyaden Hawaii
Llewpard Amur
Teigr Siberia
Pengwin Affricanaidd
Orangwtan
Lemwr cynffondorch
Broga aur gwenwynig
Llygoden fawr Falagasaidd
Crwban rheiddiog

> Mae pobl yn torri gormod o goed yn y goedwig law sy'n gartref i mi.

Orangwtan

Lemwr cynffondorch

Broga aur gwenwynig

Cenau teigr Siberia

Crwban rheiddiog

Mynegai

Cydnabyddiaethau

Dymuna'r cyhoeddwr ddiolch i'r canlynol am fod mor garedig â chaniatáu defnyddio'u lluniau:

Allwedd: u= uwchben; g=islaw/gwaelod; c=canol; e=eithaf; ch=chwith, dd=dde, t=top.

© **Jerry Young:** 56gch, 84c, 89gch, 100gch, 101c. **123RF.com:** Liu Feng/long10000: 112gc; Eduardo Rivero / edurivero 179tc; sabphoto c; Erwin Wodicka / ginasanders 215tdd. **Alamy:** NOAA 19tch; Gary Cook 123; Chad Ehlers 51tc; D. Hurst 151gdd; Martin Strmiska 67gdd; Sergey Uryadnikov 98–99c; domonabike 115cdd; Lanmas 127cddg; Dinodia Photos RM 130cdd; Everett Collection Inc 130cddu. **Brand X Pictures / Alamy:** Brian Hagiwara 174cddu, 205tc. **Corbis:** 77tdd, 127tch, cddg; Don Hammond/ Design Pics 224dd; Frank Krahmer/Radius Images 26–27; Micro Discover 148tdd; Ocean 6gc; Viewstock 132–133t. © **Philip Dowell:** 127gch. **Dorling Kindersley:** Peter Anderson / Odds Farm Park, Swydd Buckingham 83cdd; Blackpool Zoo, Swydd Gaerhirfryn 49gdd, 80gdd, 81cdd, 81tch; British Wildlife Centre, Surrey, UK 211cdd; Alan Burger 81tch; Claire Cordier 36gch; Bethany Dawn 34gdd; Greg ac Yvonne Dean 100cdd; Colin Keates / Natural History Museum, London 196gch, 205gch; Barnabas Kindersley 181gdd, 200c; Dave King / The Science Museum, Llundain 109tdd; Dave King / Booth Museum of Natural History, Brighton 65gch; Twan Leenders 73c, 73tch, 186gc, 186gdd, 219c; Liberty's Owl, Raptor and Reptile Centre, Hampshire 80tc; James Mann / National Motor Museum Beaulieu 215c; Thomas Marent 216cdd; **NASA:** 10cch, 16cdd, 131cddu, gdd, 143c, cddg; Stephen Oliver 145tc, 160c, 160cdd, 174tch, 201cdd; Gary Ombler / The Real Aeroplane Company 136gdd; Gary Ombler / Nationaal Luchtvaart Themapark Aviodome 105tc, 136gdd; Gary Ombler / Vikings of Middle England 118gdd, 118gc, 119gch, 119gdd; Gary Ombler / Doubleday Swineshead Depot 203tc; Gary Ombler / Hastings Borough Council 123cdd; Gary Ombler / University of Pennsylvania Museum of Archaeology and Anthropology 112cdd, 121gc, 123cdd; Gary Ombler / Zoe Doubleday-Collishaw, Swineshead Depot 132gc; Tim Parmenter / Natural History Museum, Llundain 174c, 174tc, 197tch, 197tcch, 197gdd. Linda Pitkin 19tch; Wildlife Heritage Foundation, Caint 99gdd; Jerry Young 8tch, 80c. James Stevenson / National Maritime Museum, Llundain 119cdd; Goddard Space Flight Center 129cdd. **Dreamstime.com:** Carol Buchanan / Cbpix: 66c; Jakub Cejpek / Jakupcejpek 85gdd; Torian Dixon / Mrincredible 130tdd, 131tdd, 131tc; Eric Isselee 101cdd; Isselee 100cdd, 186c, 186cdd; Laumerle 46gdd; Mauhorng 152cdd; Ollirg 62gdd; Pixworld 96gdd; Rosinka 12c; Wan Rosli Wan Othman / Rosliothman 116gdd, 117gdd; Darryn Schneider / Darryns 27gdd; Vladimir Seliverstov / Vladsilver 80tdd; Staphy 57gdd; Jens Stolt / Jpsdk 77tch; Jan Martin Will / Freezingpictures 43gc, 81gch; Simone Winkler / Eyecatchlight 80tc; Yulia87 30–31 (cefndir); Thomas Lenne 130gch; Vjanez 130gc; Photka 130gdd; Isselee 219cg. **FLPA:** Frans Lanting 69tch; Harri Taavetti 84–85cddu. **Fotolia:** Andreas Altenburger / arrxxx 89cdd; Kitch Bain 181tc; Beboy 22c; HD Connelly 104cddu; DM7 62gch; dundanim 8gc, 10gc, 171gc; Eric Isselee 65gc, 218gdd, 219tch, 219cdd, 219gdd; Pekka Jaakkola / Luminis 137tdd; Valeriy Kalyuzhnyy / StarJumper 155gdd; Dariusz Kopestynski 113gch; Yahia Loukkal 203gch; Steve

Lovegrove 87gch, 217gc; Kevin Moore 98c; Olena Pantiukh 69gch; Strezhnev Pavel 79tc; rolffimages 36gc, 92cdd; Dario Sabljak 144tc, 164gdd; Silver 57tdd; uwimages 67gc; Alex Vasilev 83gc. **Getty:** Tom Brakefield / Photodisc 80gc; Don Farrall / Digital Vision 67tch; Frank Krahmer / Photographer's Choice 85tch; MIXA 53tc; Photographer's Choice RF / Jon Boyes 170gdd; Rolling Earth 78; David Tipling / Digital Vision 81tc. **Getty Images:** Steve Bronstein 141gch; Don Farrall / Photodisc 59gdd, 89cdd; Hulton Archive 127cddu; Javier Fernández Sánchez 97tdd; Michael a Patricia Fogden 96tch; Dave a Les Jacobs 138cdd; Ingo Jezierski / Photodisc 112cdd; Ralph Martin / BIA 97cu; Tse Hon Ning 155gc; Alastair Pollock Photography 97cg; Anup Shah 97c; Universal Images Group 126cg; Vladimir Zakharov 139cdd; Peter Zelei Images 138cch/shard; zhuyongming 139c. **Shutterstock.com:** Dayat Banggai 127bcddg; Yeti Crab 128cdd; Route66 128gdd. **Philippe Giraud © Dorling Kindersley:** 4gc. **Ellen Howdon © Dorling Kindersley, Trwy garedigrwydd y Glasgow Museum:** 128gc. iStockphoto.com: id-work (194–195 i gyd); pop_jop 175 cchu, 212–213 (DU, Sweden, Sbaen, UDA, De Affrica, Samoa, Uruguay, Tonga, China, Brazil, Australia, Canada, Cuba, Chile, Algeria, Argentina, Portugal, Malaysia, Iseldiroedd, Seland Newydd, Morocco, Mecsico, Nigeria, Yr Almaen, De Korea, India, Ffrainc, Japan, Denmarc, Ecuador, Yr Aifft, Fiji). **Kohn Pedersen Fox:** 139cch/Lotte. **Richard Leeney © Dorling Kindersley, Trwy garedigrwydd Search and Rescue Hovercraft, Richmond, British Columbia:** 135gc. **David Malin © Anglo-Australian Observatory:** 16c. NASA: 14cddg, 42gch, 141gdd, 141ddch, 142gch, 195tdd. Gary Ombler © Dorling Kindsersley, **Trwy garedigrwydd Cotswold Wildlife Park:** 211tc. Gary Ombler © Dorling Kindersley, **Trwy garedigrwydd Bwrdd Ymddiriedolwyr y Royal Armouries:** 93gc. Photolibrary: Corbis 73cdd, 105tdd, 137tdd; Photodisc / Photolink 141tch. **PunchStock:** Photodisc / Paul Souders 27gdd; Stockbyte 201cdd. **James Stevenson © Dorling Kindersley, Trwy garedigrwydd y National Maritime Museum, Llundain:** 126cch.

Lluniau siaced lwch:
Blaen: Dorling Kindersley:

Jerry Young bcdd. Pob llun arall © Dorling Kindersley

Dymuna DK ddiolch i:
Carrie Love am gymorth golygyddol a phrawfddarllen. Elinor Greenwood, Carrie Lewis, Andrea Mills, Syed Tuba Javed, a Robin Moul am waith golygyddol pellach. Anita Ganeri am wirio ffeithiau. Martin Copeland, Laura Evans, Rob Nunn, Nishwan Rasool a Lee Thompson am gymorth â'r llyfrgell luniau.